THE HIDDEN CURRICULUM
Practical Solutions for Understanding Unstated Rules in Social Situations

発達障害がある子のための「暗黙のルール」
マナーと決まりがわかる本

場面別

ブレンダ・スミス・マイルズ
メリッサ・L・トラウトマン
ロンダ・L・シェルヴァン
著

萩原 拓
監修

西川美樹
訳

明石書店

THE HIDDEN CURRICULUM
Practical Solutions for Understanding Unstated Rules in Social Situations
by Brenda Smith Myles, Melissa L. Trautman, Ronda L. Schelvan

© 2004 Autism Asperger Publishing Co.

Japanese translation published by arrangement

with Autism Asperger Publishing Company

through The English Agency (Japan) Ltd.

推薦のことば

　この優れたガイドブックは、社会性-認知障害のある人が、日常生活での人との関わりを支配する、ことばで表されないルールや期待を理解するのに大変役に立ちます。著者は巧みで単刀直入な親しみやすい語り口で、豊富な研究と経験をもとに優れた洞察を示し、実用的なツールを紹介しています。この『発達障害がある子のための「暗黙のルール」』は、私が推奨する参考書籍リストの間違いなく上位に入ります。

　　　　　パメラ・ウルフバーグ博士（Pamela Wolfberg, Ph.D.）

　　　サンフランシスコ州立大学准教授および「自閉症の仲間関係・遊びに関する研究所」の共同創立者

　　　『仲間との遊びと自閉症スペクトラム――子どもの社会化と想像力を導く技法［未邦訳］（*Peer Play and the Autism Spectrum: The Art of Guiding Children's Socialization and Imagination*）』の著者。

　数年前に自閉症スペクトラム障害のある友人と話をしていたとき、彼がこう言いました。「誰かがぼくにルールを教えてくれさえすれば、もっとずっと楽に生きていけるのに」。この『発達障害がある子のための「暗黙のルール」』を出版することで、マイルズ、トラウトマン、シェルヴァンはまさにこれを実行したのです。著者たちは起こりうるさまざまな場面での暗黙のルールの具体例を用いることで、家族や専門家や自閉症スペクトラム障害のある本人に向けて、家庭・学校・地域社会での複雑な社会的対話にともなう暗黙のルールを理解するためのきわめて実践的な方法を紹介しています。この『発達障害がある子のための「暗黙のルール」』は是非とも読んでおくべき本です。

　　　　　ピーター・F・ゲアハート教育学博士（Peter F. Gerhardt, Ed.D.）

　　　　　ゲアハート・自閉症／アスペルガー・コンサルテーション・グループ

この『発達障害がある子のための「暗黙のルール」』は、日々の場面と格闘する子どもたちの親御さん全員にとっての必読書です。娘のリンジーと私には、この本にすばらしい情報がたくさん詰まっていることがわかりました。こうした情報は、多くの人にはごく当たり前のことでしょうが、自閉症スペクトラム障害のある子どもには大きな違いをもたらすことができるのです。

デブ・グラマス（Deb Grammas）
アスペルガー症候群のある子どもの母親

　この『発達障害がある子のための「暗黙のルール」』は、アスペルガー症候群や関連する障害のある私たちにはどんな手がかりや慣習が「見えない」のかを明らかにしています。社会性−認知障害のある人だけでなく、自閉症スペクトラム障害のある私たちと関わる、自閉症を持たないすべての人にお薦めしたい本です。

ジェニファー・マキルウィー・マイヤーズ（Jennifer McIlwee Myers）
アスペルガー症候群のある当事者
『アスペルガー症候群と女の子〔明石書店より邦訳刊行予定〕（Asperger's and Girls）』の共同執筆者

謝辞

　大学の修士・博士課程で自閉症スペクトラム障害について学びながら、本書のリスト作成に貢献してくださった以下の方々に感謝いたします。アスペルガー症候群などの社会性−認知に課題のある人びとに真摯(しんし)に向き合う彼らの姿は称賛に値します。この本を彼らに捧(ささ)げます。

ジェニファー・アデア	ドーン・ブロック	キャシー・デルモンド
キャロル・アフォルダー	リサ・バーチ	サラ・デトマー
ケイティ・アレクサンダー	アンナ・バトラー	キャスリーン・デウォルフ
アンドレア・アンダーソン	デボラ・バーン	レスリー・ドレル
スーザン・アンダーソン	キャリー・キャロウェイ	メラニー・ダナガン
アイーダ・アヤラ=オリバレズ	キャサリン・キャンベル	ジュリア・デュヴァル
シャナ・エアーズ	シンディ・キャリガン	マーラ・エック
ジーナ・バーンヒル	レベッカ・クラーク=エル	エレイン・ファスロ
エイミー・ビーヴァー	モシージョ	ヘザー・ファーガソン
ジュディ・ベッカー	アンエリザベス・コール	キャスリーン・フリン
リンダ・ベッカー	ティナ・コール	ルズ・フォレロ
ニコル・ブノア	ジャニス・クーリー	デニス・フレイリー
ゲイル・バーグストランド	テリー・クーパー	マーク・フレイリー
スザンナ・バーナード=リポル	メアリー・アリス・コーン	シェリー・フランシス
シェリア・ビッグズ	ティナ・コーネル	ジャネット・ガーツナー
パトリシア・ブライシュ	ステイシー・クラブトゥリー	ビヴァリー・ギーゼルマン
モニカ・ボリアー	ハイディ・クロムウェル	アマンダ・ゴスニー
ボビー・ボンド	ジェニファー・クロス	ローラ・グリーン
ロンダ・ボウエン	アンジー・ダルベロ	萩原 拓
デーナ・バワーソック	サンディ・ダバロス	サラ・ハンニバル
ミーガン・ブリック	アイリーン・デイヴィス	ヘザー・ハンズリック
キャシー・ブロディ	ミーガン・デイヴィス	メラニー・ハームズ
ティアニー・ブラウン	メアリー・ディマルコ	ジュン・ヘイワース
エリカ・ビュッシング	テレサ・ダフィー	レベッカ・ヘインリックス

ダーレン・ホージ　　　　　ミシェル・マレンドア　　　　アリーサ・シュミット
カレン・ハウズ　　　　　　アンジェラ・マーフィー　　　リンダ・スコット
アナステージア・ハバード　エリカ・ニール　　　　　　　ロシェル・スパイサー
ジル・ハドソン　　　　　　クリスティン・ニューカマー　ステファニー・スタンズベリー
アビー・ハギンズ　　　　　ブリジット・ニューマン　　　リー・スティックル
レベッカ・ヒューズ　　　　スペンサー・ノーラン　　　　ヘザー・シュトーア
カルラ・フータネン　　　　ステファニー・オー　　　　　シェン・スー
ジャニス・ジェンキンズ　　ハイ・ラン・パーク　　　　　ジョディ・サンドクイスト
ケッティ・ジョンソン＝コッフェルト　メアリー・ピーコック　　メリッサ・テート
タイ＝サナ・ジョーンズ　　キャンディス・ピーターズ　　ケリー・テベンキャンプ
キャンディス・キング　　　ベス・パワーズ　　　　　　　リサ・トーラー
ポール・ラカヴァ　　　　　ケリー・プレスティア　　　　シャリ・ウォーカー
ワンダ・リー　　　　　　　カーラ・ラディン　　　　　　バーバラ・ウェザーフォード
ジェニファー・レヴェンソン　ニコール・ラーム　　　　　エイミー・ウィード
アリッサ・リン　　　　　　ジャナ・レイバ　　　　　　　ジョディ・ホワイト
タラ・リヴィングストン　　ルーアン・ライナー　　　　　シャニン・ウィルコクソン
ロバート・マックレイ　　　ジャイム・リヴェッツ　　　　ミシェル・ウィンバーン
サンドラ・マンレー　　　　リサ・ロビンズ　　　　　　　リサ・ウィンバリー
ステイシー・マーティン　　ジャクリーン・ロジャーズ　　ロリ・ウッド
ケリー・メハフィー　　　　マレイア・ローム　　　　　　キャスリーン・ライト
ナンシー・マイケル　　　　メンディ・ルースラウフ　　　ケリー・ヨーカム
ブルース・ミルフォード　　ジェシカ・サイター　　　　　エイミー・ジーガーズ
ナンシー・ミラー　　　　　スージー・サンダー　　　　　クリスティ・ジーグラー
リサ・ミムズ　　　　　　　クリスティン・シャング
キャシー・モーズリー　　　エイミー・シャプマン

目次

まえがき　9
はじめに　13

「暗黙のルール」って何？　………………………………… 15
暗黙のルールの影響　……………………………………… 21
暗黙のルールを教える　…………………………………… 29
暗黙のルールのリストについて　………………………… 53
暗黙のルールのリスト　…………………………………… 57

　　飛行機に乗るとき　57
　　トイレでのルール　58
　　お誕生日のパーティー　59
　　服装　61
　　食事　62
　　友だち関係　65
　　ライフスキル　67
　　学校　71
　　社会的場面　79
　　プールでのルール　84
　　生きていくためのルール　85
　　比喩表現と慣用句　86

参考文献　91
監修者あとがき　95

まえがき

　社会的な直感は、ひょっとすると悲惨な結果になりかねない日々の社会的場面で、私たちの多くを救ってくれる「命綱」の役目を果たします。また、身体や精神に害がおよびそうな場面を切り抜ける手助けもしてくれます。定型発達の人はこうした直感をとくに意識せずに、どんな環境や人間に出くわしても、ことばで表されないその場のルール、つまり「暗黙のルール」をつねに瞬時にそつなく見極め、状況にどう対処すべきか判断をくだします。無意識に働くこの社会的なナビゲーターこそ、十分な「ソーシャルスキル」を獲得するための１つの鍵なのです。

　定型発達の子どもには通常、本人がそれほど努力をしなくても、また親や教師からごくわずかな指導を受けただけで、十分な「ソーシャルスキル」が見られるようになります。そのため私たちは、賢い人なら誰もが当然、このスキルを自然に身につけるはずだと考えます。けれども、10年ほど前からある事実が認められ、研究されるようになりました。つまり、ある集団は認知や言語に十分な、あるいは並外れたスキルを示すことが多いにもかかわらず、日常の場面での、ことばで表されないきわめて繊細なルールや感情を直感で理解し、社会的に順応するのが困難だという事実です。このような人には「社会性−認知学習障害」があるのです。

　このタイプの学習障害は、診断医にとっては厄介なものと言えるかもしれません。この学習障害にはさまざまな診断が考えられる場合が多いからです。その中には自閉症、特定不能の広汎性発達障害、アスペルガー症候群、非言語性学習障害、注意欠如・多動性障害、注意欠如障害、意味的語用論に関する障害、ハイパーレクシア（過読症）が含まれます。さらに、トゥレット症候群、感覚統合障害、実行機能障害、情緒障害のある人も多く、そのほかにも明確な診断がつかない人がたくさんいます。

　私たちのように、社会性−認知学習障害のある人を直接支援する者が認識しているのは、彼らはソーシャルスキルを発達させ、周囲の社会的なニュアンスを解釈することができないために、生涯を通して深刻な課題に直面するということです。このような課題は社会的、情緒的、行動的にも、また余暇や仕事などのさまざまな面でも人生に影響を与えます。さらに、社会的手がかりを読み取って対応し、その場の暗黙の

ルールを直感で理解することが迅速にうまく行えないと、個人の安全や意思決定が危険にさらされかねないと知っておくことも重要です。

　社会性-認知学習障害のある人にとっての朗報は、助けがすぐそこまで来ていることです！　「ソーシャルスキル」という奥深く複雑な分野に取り組む研究者たちの尽力により、「社会的思考力（social thinking）」――と私が呼んでいるもの――を促す効果的なストラテジー（方略）の発見や開発が飛躍的に進歩しつつあります。たとえば、社会性-認知に困難のある人を積極的に首尾よく支援していくためには、教師や親は「社会人類学者」にならなくてはなりません。例をあげますと、先日、書店に出かけた際に、私はクライアントと一緒に店内での「暗黙のルール」を特定してみました。一軒の店の中でどれほど多くのルールが存在するか調べてみたのです。すると、少なくとも9つの場面でルールが見つかりました！　まず、ドアを開けて店内に入るとすぐに、声の大きさや体の動きを調節する一連のルールがあります。それからカウンターで列に並ぶときのルール。また、喫茶コーナーに寄るときのルールや、そこで注文するときにもルールがあります。雑誌のコーナーや児童書のコーナー、音楽書や一般書籍のコーナーでどのようにふるまうべきかのルール。さらには、ゆったりとした大きないすのある休憩所で腰を下ろすのにもルールがあります。このように、たった一軒の店の中でさえ社会的に適切とみなされるためには、自身の社会的行動をこれらの「暗黙のルール」の要求につねに合わせていく必要があるのです。ちなみに学校でのある一日を取り上げて、書かれていないルールがどれだけたくさんあるか想像してみてください！

　ブレンダ・スミス・マイルズ、メリッサ・トラウトマン、ロンダ・シェルヴァンによる本書は、より良い親や教師になるために分析すべき暗黙の社会的情報（「暗黙のルール」など）を、私たち皆が学ぶ手助けをしてくれるとても重要なツールです。「暗黙のルールのリスト」の章で提供された情報はほんの氷山の一角ですが、それでも私たちがさまざまな場面やその場の社会的ルールを独自に分析していくうえでの足がかりとして活用できます。私はこれまでも暗黙のルールというものについて考えてきましたが、この情報がいかに捉えにくく、変化しやすい一時的なものであるかを探求する本書は、さらなる示唆を与えてくれます。本書の優れた特徴は、著者が複雑な情報をシンプルでわかりやすく、単刀直入に提示している点です。だからこそ、私たちが独自の枠組みや方法を展開していくうえで役に立つのです。

　社会的思考力やそれに関連するスキルを、生涯このスキルを直感的に身につけるの

まえがき

が難しい人に教えることは、きわめて複雑で困難をともなう作業だと、私は強く確信しています。本書の著者たちのようにスキルを細かく分けて段階的に教えることが、成功への鍵となるでしょう。

ミシェル・G・ウィナー（Michelle G. Winner）

言語聴覚士

『すべて教えます——社会性‐認知障害のある人がとる行動の理由［未邦訳］（*Inside Out: What Makes a Person with Social Cognitive Deficits Tick?*）』『相手の気持ちと自分の気持ちをよく考えよう［未邦訳］（*Thinking About You Thinking About Me*）』の著者。

はじめに

　私たちのまわりの世界は、ルールやガイドライン、規則や方針があふれる複雑な場所です。ルールや命令そのものが複雑な場合もありますが、それでも私たちの多くはこのような環境を、たいていは無意識のうちに居心地よく感じています。ルールは日常の多くの場面で何をすべきかを知る手助けになるからです。ルールが一貫しているならば、たいていの人はルールを好むものです。ただし、ルールがわかりにくかったり、一貫性なく用いられたり、ことばで表されていないと、私たちは動揺したり憤慨したり困惑したりしてしまいます。

　著者の1人ブレンダには、最近、海外で講演を行う機会がありました。ブレンダはその日の最初の講演者で、大きなホールの壇上から話をすることになっていました。講演の20分ほど前に、最終チェックをするためにブレンダは壇上に上がっていました。コンピューターはきちんと作動するか、プロジェクターはスクリーンにつながっているか、DVDプレーヤーの音はよく聞こえるか、などを確認していたのです。ブレンダが講演で使うコンピューターのわきに小さなテーブルといすが用意され、テーブルの上には水の入ったピッチャーとガラスのコップが置いてありました。チェックがすべて終わると、ブレンダはいすに腰を下ろして待っていました。すると突然、場内アナウンスが響きわたりました。「ブレンダ・マイルズ先生、ステージから降りてください」。面食らったブレンダはいすから飛び上がると、あわてて客席に駆け降りました。どうやらブレンダは、「講演者は全員、客席から紹介されてステージに上がること」という、文字に書かれていないルール、つまり慣習を破ってしまっていたのです。

　この世界を複雑にしている、ことばで表されないこうしたルールや慣習に、私たちは日頃から囲まれて暮らしています。これが「暗黙のルール」と呼ばれるものです。

　この本の目的は、読者のみなさんに暗黙のルールというものの存在を認識していただき、このルールがいかに捉えにくいものか、またどんな影響を与えるかを知っていただくことにあります。暗黙のルールについてどの程度教えてもらう必要があるかは、人によってさまざまです。ある人たちは暗黙のルール——あるいはその大体のあらま

し——をほとんど無意識のうちに学んでいるように見えます。ところが、中には直接教わることでしかルールを学習できない人もいるのです。そこで、この本の出番となります。本書では、初めに暗黙のルールの性質について概略を説明したのち、暗黙のルールを教えるのに効果的なさまざまな指導法を紹介します。最後に暗黙のルール、つまり、ことばで表されないガイドラインのリストを掲載します。このリストは広範囲にわたるものですが、すべてを網羅しているわけではありません。暗黙のルールはもともと捉えどころのない性質を持つことから、このリストはたとえ範囲は広くても、学習すべき明確な課題というよりは、むしろルールの見本を提示しているとお考えください。親御さんや先生方やそのほかのみなさまには、ともに暮らすご家族や支援する生徒それぞれのニーズと特定の場面に応じた独自のリストを作るうえで、このリストをたたき台として捉えてご活用いただくようお願いいたします。

「暗黙のルール」って何？

　暗黙のルールとは、直接教わったことはほとんどないのに、当然知っていることとされる一連のルールやガイドラインのことです（Garnett, 1984; Hemmings, 2000; Jackson, 1968; Kanpol, 1989）。暗黙のルールの中には、社会的な関わりや学校の成績、またときには安全に影響を与える項目が含まれます。また暗黙のルールには、慣用句や暗喩（あんゆ）、スラング（俗語）もあります。たいていの人なら「自然に身につける」ものだったり、観察するか、ボディランゲージなどの微妙な手がかりを通じて理解したりするものです。たとえば、「ほっといてくれ（get off my back）」〔訳注：直訳すると「背中から降りろ」という意味〕ということばは、それにともなうボディランゲージ（顔をしかめる、イライラした様子、声を荒げる）とともに、話し手がひとりになりたがっていることを伝えています。ところが社会性−認知に課題があり、言語をもっぱら字義通りに解釈する人にとって、このことばはまったく違う意味になり、ひどく困惑させるものになります。

　ところで、暗黙のルールが当然知っているとみなされる知識ならば、ルールに含まれる項目がどのように特定されるのか、読者のみなさんは疑問に思われるかもしれません。この問いから、暗黙のルールのきわめて厄介な性質が明らかになります。つまり、すべてのルールを説明するのは困難でも、いったんルールが破られると痛ましい結果とともにルールの存在が明らかになるのです。したがって暗黙のルールの例を探すなら、ルールの逸脱が起きたときに注目するのも1つの方法です。ある種の言い回しから、暗黙のルールが破られたことがわかります。たとえばあなたが家族や友だち、生徒に次のようなことばをかけたいと思ったら、おそらく暗黙のルールについてこれから話そうとしているのでしょうね。

- こんなこと言う必要はないかもしれないけど……
- 言うまでもないことだけど……
- みんな知っていることだけど……
- 常識から言えば……
- 今まで誰も……

　暗黙のルールを破ると周囲からのけ者扱いされるか、少なくとも社会に順応できない人になりかねません。たとえば、鼻をほじることに関する暗黙のルールがあります。それは「鼻をほじってはいけない」というルールではなく、「トイレに入って鼻をほじり、ティッシュを使う」というものです。この暗黙のルールに従わない子どもは、友だちから避けられたり、だましやすいと思われたり、問題児とみなされてしまうかもしれません。暗黙のルールの別の例をあげましょう。誰かが「今、何時？（Do you have the time?）」〔訳注：直訳すると「時間、ある？」という意味〕とたずねるとき、その人は「はい」や「いいえ」といった答えを求めているのではなく、そのときの時間を知りたいと思っています。このルールがわからず質問に「はい」と答える子どもは、わざと失礼な態度をとったり、みんなを困らせたりするという理由で罰を受けるかもしれません。たいていの場合、子どもはそのどちらでもなく、質問をただ字義通りに解釈しているだけなのです。

●暗黙のルールの捉えにくさ●　●　●

　暗黙のルールは複雑で捉えにくいものです。私たちは本書の中で、暗黙のルールの幅広いリストを提供しようと試みましたが、やはりこうしたルールをすべて特定することなどできるものではありません。さらに問題を複雑にしているのは、すべての暗黙のルールをやみくもに受け入れることはできないという点です。なぜかと言えば、ある場面でそのルールがあなたや家族、友だち、生徒に適用されるかどうかは、多くの要素に左右されるからです。
　たとえば「シャットアップ（shut up）」ということばは、さまざまに解釈できます。ティーンエージャーの少女2人が仲良くおしゃべりしているときに使われるなら、「すっごーい」とか「ワオ！」といった意味になることもあります。けれども、おたがいに腹をたてている少女2人のあいだなら、「おしゃべりをやめて静かにして」と相手に要求しているのかもしれません。

●ボディランゲージにおける暗黙のルールを読み取る● ● ●

　ボディランゲージとは、身体を使ってコミュニケーションをとったり、「話したり」する方法のことです。ジェスチャーや顔の表情、姿勢、声の調子などがこれに含まれます。ある人のボディランゲージを理解することは、その人との関係を育み、効果的にコミュニケーションをとるうえで重要なことです。ときおりボディランゲージとその人の発言がくい違って見える場合もあり、だからこそボディランゲージを理解することが重要になってきます。

　たとえば、あなたのことを好きだと言いながらも顔をしかめている人は、本当はあなたのことがそれほど好きではないかもしれません。また、生徒は教師が使うことばよりも、声の調子や腕を組む様子で、教師が怒っているかどうかを判断できる場合も多いでしょう。ときにはボディランゲージは、誰かがどう感じているかを理解するための一番の方法となります。表１はボディランゲージの例をあげ、それらがどのような意味を持つか、またどのように受けとめられるかを示したものです。

●暗黙のルールは年齢によって違う● ● ●

　暗黙のルールが複雑な理由はほかにもあります。それは、ルールが当事者の年齢に応じて変化することです。９歳の子どもにとっての暗黙のルールは、16歳や25歳でのルールとは異なります。たとえば、好きな子の注意をひくことに関する暗黙のルールの例を見てみましょう。９歳の少年ならば、ある女の子のことを好きだと伝えるのに、その子を軽くこづいたり、あとをついてまわったり、ポニーテールを引っぱったり、へんてこな顔をしてみせたりしてもかまわないでしょう。けれども、16歳の少年がこんな行動をとったらどうでしょうか。たぶん、すぐさま仲間はずれにされて、「バーカ」と言われてしまうのがおちです。ましてや、25歳にもなって同じことをしたら、危険人物とさえみなされてしまうかもしれません。この場合、25歳の青年は警察に目をつけられることも十分にあり得ます。

　同様に、子どもたちの多くはスパイごっこをして遊ぶのが好きです。小型マイクを使って会話を盗み聞きしたり、警報器をセットして誰かが通り過ぎると鳴らしたりします。また、暗号やあぶり出し用インクを使って書いたメモをやりとりしたりもします。これは９歳や10歳ならかまいませんが、18歳だとストーカー行為と言われてしまうかもしれません。

表1　ボディランゲージの例

身体の部分	動作	解釈
頭	片方に傾ける	理解していない、聴いている、考えている
顔	しかめる（顔全体の動作：目を細めて見る、鼻にしわを寄せる、唇をかたく結ぶ、口が片側に曲がることもある）	不機嫌、威嚇、脅して言うことをきかせる、怒り
目	大きく開く ほとんど閉じている（わずかに薄目を開ける） 誰かまたは何かをまっすぐ見る（ちらりと見るより長く）	驚き、びっくり仰天 不信、疑い ぶしつけに見つめている（失礼に思われる）
眉	寄せる（眉をひそめる）	考えている、困惑している
口	口の両端が上がる（微笑み） 口の両端が下がる 大きく開ける	あいさつする、うれしい 悲しい、不満、がっかり 驚き、ショック
あご	上がる、前に突き出す	得意な気分、強気、挑戦的
身体	指をさす 両手を腰に当てる 肩をすくめる 腕組みをする	方向を示す、脅し いらいら、退屈、質問をする／答えを待つ 本当かどうか怪しむ、知らない、わからない 近よりがたい、聴いている／情報を取り込んでいる

●暗黙のルールは性別によって違う●

　小さな女の子たちはおたがいに、「あなたのブラウス、好きよ」とか「あなたの髪、きれいね」とか「ねえ、本当にだいじょうぶ？」とか、しょっちゅう声をかけあいます。けれども、小さな男の子が別の少年に同じように声をかけたらどうなるでしょう。昼休みが終わる頃には、男の子は学校中のみんなから「変なやつ」と思われてしまうでしょう。
　私たちの社会は男女平等に向かっており、男女のステレオタイプを排除しようと努めてきましたが、それでもマナーや行動の違いは男性と女性のあいだに今も存在して

います。そのほとんどは直接教わるものではありませんが、理解していないと、問題や誤解を招くおそれがあります。

● **暗黙のルールは一緒にいる人によって違う** ● ● ●

　思春期の子どもが大人といるときに使うことばは、おそらく「くだけた」ことばではなく、多少なりとも文法的に正しいものかもしれません。けれども、同じ子どもが仲間といるとき（そして見える範囲に大人がいないとき）は、悪いことばがちょっぴり会話に「すべり込む」かもしれません。そもそも悪いことばは使ってもよいのでしょうか。もちろんそうではありませんが、たとえ「良い子」であっても、思春期に入ったたいていの子どもにとってはごくふつうのことなのです。

　　ジョンソンさんは13歳になる息子テリーに、悪いことばを使うときの暗黙のルールを教える必要があると考えました。テリーはすでに、たくさんの悪いことばを偶然ではあるけれども学んでいて、それを使ったために問題を起こしていました。母親は13歳の少年がときどき悪いことばを使うのはごく自然なことだと考え、息子もこの通過儀礼を経験してよいはずだと思っていました。
　　ただし、ジョンソンさんは自分でこのルールを教えることはできないと感じていました。母親は、「悪いことばは使わない」というルールを課すのが仕事だからです。そこで、近所に住む友人で、同じ13歳の息子を持つスミスさんに相談し、彼女の息子レイから悪いことばに関する暗黙のルールをテリーに教えてやってもらえないかとたのみました。スミスさんはかまわないと承諾してくれました。2人の母親はレイと話をして、レイに最も「適切な」悪いことばをおおまかに説明し、悪いことばを使うときの暗黙のルールを教えました。それは次のようなものです。「まず、周囲を見まわす。大人の姿が見えたら、どんな悪いことばも言ってはだめ。大人の姿が見えないなら、そのことばを使ってもたぶん大丈夫」

　上の例は、悪いことばを使うための暗黙のルールを、思春期の子ども全員に教えるべきだという意味でしょうか。いいえ、そうではありません！　何を教えるかは、個人の判断に任されています。ジョンソンさんはそうすることが息子にとって適切だと判断しました。ほかの親は違う考えを持っているかもしれませんし、どうするかはそれぞれの親が判断すればいいのです。

●文化には独自の暗黙のルールがある● ● ●

「はじめに」でも述べたように、自分の文化とは異なる文化の暗黙のルールを理解するのは難しいこともあります。多くの文化には、アイコンタクトや体の近接、ジェスチャーやあいさつの仕方に暗黙のルールがあります。高コンテキスト文化〔訳注：言語よりも雰囲気や状況で判断してコミュニケーションをとる文化〕では、語られることばよりも言語以外の手がかりのほうが重要な意味を持ちます。一方、低コンテキスト文化〔訳注：言語で明確にコミュニケーションをとる文化〕では反対に、言語以外の手がかりよりもことばのほうが会話の真の意味を伝えています。

文化によっては、食事のあとに、はでにゲップをするのは料理がおいしかったという称賛を表します。一方、たいていのアメリカ人にとって、このような行為は失礼で恥ずかしいこととされています。同様に、イタリアでは母親と成人した娘が手をつないで通りを歩いてもちっともおかしくありません。ただし、アメリカでそんなことをしたら、まわりの人に変に思われてしまうでしょう。

暗黙のルールの影響

　この本で紹介する暗黙のルールの例には、どこかユーモラスに思えるものも含まれているかもしれません。それでも、暗黙のルールを知らなかったりルールに従わなかったりすると、その影響は深刻なものになりかねません。子どもが暗黙のルールを理解していないことがわかると、いじめられたり、無視されたり、からかわれたり、誤解されたりすることがあります。これから説明するように、学校や地域社会、家庭、職場、さらに法制度において、暗黙のルールが深刻な影響を与えかねない場合があります。

●学校● ● ●

　学校にはそれぞれ独自の多様な暗黙のルール（文字に書かれていない校内の文化）があります。どんな服を着るか、どんなタイプのバッグを持つか、仲間の生徒にどんなふうにあいさつするか、授業の合間はどこで時間をつぶすか、どのゲームなら遊んでも許されるか……など、あげるときりがありません。

　どんな服を着たらいいのか、生徒たちにはどうしてわかるのでしょう。彼らはもちろん、ファッションの授業を受けたわけではありません。観察して学んだのです。学校の人気者や映画のヒーローを観察したり、気に入った店のカタログを調べたりして、そこから自分のスタイルを引き出したのです。それなら、誰もが似たような服装をすべきなのでしょうか。それは違います。生徒は自分にとって心地よいスタイルで（ただし校則に引っかかることなく、親が認めたり許したりする範囲で）、自分を表現できることが必要です。けれども、十分な情報を得たうえで自分の服装を決められるよう、生徒は暗黙のルールを知っておく必要があります。

　学校では、教師にもそれぞれの暗黙のルールがあります。たいていは「教師の期待」

として知られているものです。教師はクラスのルールを作って生徒に教えますが、自分が生徒に期待している多くのことがらについてはとくに教えません。そんなことはいわば常識で、あるいは一目瞭然で、あるいは何年も前に教わっているはずだから教えないのだ、とほとんどの教師は言うでしょう。このような期待は暗黙のルールであって、ことばで表さないと、一部の生徒はそのルールがあるために学校を理解できないところだと感じてしまうかもしれません。

　リチャード・ラヴォイ（Richard LaVoie）（Bieber, 1994 より引用）は、学校環境において理解されていないか、あるいは教師が教室で教えていない暗黙のルールをまとめました。

　そのルールを一部紹介すると……

- ベルが鳴ったとき、生徒は何をしているべきか。
- 校舎内の配置図。教室から教室に移動するための最短ルートはどれか。
- 教職員の組織図。
- 話をするのに「安全な人（セーフパーソン）」はどの教職員か。
- 毎日のスケジュール
- 学内スポーツイベントのスケジュール

　要するに、ほとんどの生徒が学校での最初の数日間で「把握してしまう」ことこそ、暗黙のルールを理解できない生徒に教えるべきことなのです。

　たとえば……

- 遅刻や提出物の遅れを大目にみてくれるのはどの先生か。
- 宿題を課すのはどの先生か。
- 期末試験を重視するのはどの先生か。

● **家庭** ● ● ●

　家庭での暗黙のルールは、それぞれの家庭の価値観やルールに関係する場合が多いでしょう。

　　マーガレットの 11 歳になる息子マークには、アスペルガー症候群（AS）があ

ります。マークは母親を愛していますが、その気持ちを表に出すことはありません。日頃から母親に抱きついたり、愛していると言ったりしないのです。マーガレットにとって、息子から温かい関心を示してもらうのは大切なことだったため、両親に愛していると言うことがいかに大切かをマークに話しました。母親の話を聞いたマークはびっくり仰天して叫びました。「ぼくが4つのときに、母さんのこと大好きって言ったじゃないか。どうして、また同じこと言わなくちゃならないの?」。マーガレットはマークに対して、母親というものは愛しているとしょっちゅう言ってほしいものなのだと説明しました。マークが定期的に母親に声かけできるよう計画を立てておきたいと言うので、2人で相談して、休日ごとに母親に愛していると言うことに決めました。マーガレットは、息子がもっと自分から感情を表現できるようになってほしいと願っています。それでも、そのときが来るまで、マークはともかくも、愛されているということばを両親がいつも聞きたがっているという暗黙のルールは理解しています。

また、暗黙のルールが礼儀作法や伝統に関係していることもあります。親や保護者はしつけの一環として、またわが子がこの方面に困難があると気づいたときに、暗黙のルールをはっきりと教えるものです。けれども、このような困難さはストレス時にかぎって明らかになることもあり、その結果、子どもは時間をかけて教えてもらうことなく、説明もなしにルールを課されることになります。

　キャロルは高機能自閉症のある9歳の少女で、ばい菌に対して軽い恐怖症があります。ある日、キャロルの母親は、日本からニュージャージー州に引っ越してきたばかりの新しい隣人を家に招待しました。その隣人のサチ・ハギワラは、家に着くとすぐに靴を脱ぎました。自分の家族は家の中ではふつう靴を履いていることから、キャロルはこの行動を見てあっけにとられ、いきなり大声で叫びました。「いやんなっちゃう!　絨毯(じゅうたん)を掃除するまで、私、もうここに座れないわ」。母親は娘のかんしゃくに当惑し、ただキャロルに静かにするようにと命じただけでした。

　キャロルの母親の対応は、同じような状況ならたいていの親がやりそうなものでしたが、キャロルにはもっと支援が必要でした。なぜ客が靴を脱いだのか、またばい菌

が本当にうつる心配があるのか、はっきりと教えてもらう必要がありました。

● **地域社会** ● ● ●

　家庭で暗黙のルールが破られても、たいていは保護者が容易に修復でき、子ども自身や周囲の人に害がおよぶことはめったにありません。ところが地域社会でルールを間違えると、もっと困った結果が生じるかもしれません。ピーター・ゲアハート（Peter Gerhardt、私信、2004年4月）は、男子用トイレでの暗黙のルールについて説明しています。たとえばトイレに男性が1人しかいないときは、新しく入ってきた人は、先にいる人の隣に立たないという暗黙のルールがあります。むしろ、少なくとも2つ離れた便器を使うべきです。また、便器に向かっている人に話しかけたり、集団でトイレに行ったりしないことを知っておく必要があります。さらに、便器の前ではズボンを下ろすのではなく、ただチャックを下げるだけにして用を足します。ズボンを下ろす少年はいじめの標的になりやすく、また露出行為の罪に問われるかもしれません。

　話はまったく変わって、親と一緒に図書館に行く場合にも暗黙のルールがあります。このルールに従うと、図書館での行動は次のようなものになります。

1. **なぜ、図書館にきたの？**　本を借りるため。
2. **どれくらいの時間、ここにいるの？**　本を借りるまでずっと。
3. **どれくらいの大きさの声でなら話していい？**　静かな声で話すか、ひそひそ声。
4. **楽しい？**　がまんはできるけど、あまり楽しくはない。

　自閉症スペクトラム障害（ASD）などの社会性−認知に困難のある子どもたちは、暗黙のルールを理解しづらいことが多いので、親は通常彼らに上記のようなスキルを教え、図書館に行く前と図書館にいるあいだ、ていねいに指導します。このような子どもが成長して、とくに小学校高学年にもなると、友だちから図書館に行こうと誘われるかもしれません。図書館に行くティーンエージャーにとっての暗黙のルールは、次のようにまた違ったものになります。

1. **なぜ、図書館にきたの？**　「本を借りるか、勉強するため」というのは口実で、本当はみんなと一緒にいるため。友だちとブラブラして、本を見るふりをして、

おしゃべりしたり笑ったりする時間。
2. どれくらいの時間、ここにいるの？　親は時間を制限したいと思っているかもしれないけれど、ティーンエージャーは何時間でも、つまり図書館が閉まるか、それとも自分たちが追い出されるまでここにいたい。
3. どれくらいの大きさの声でなら話していい？　図書館では、ティーンエージャーは静かにしろと言われないぎりぎりの大きさの声で話す。けらけら笑うこともある。
4. 楽しい？　もちろん！

　このような暗黙のルールを知らないティーンエージャーは、図書館で仲間はずれにされるかもしれません。なぜなら、自閉症スペクトラム障害のあるティーンエージャーは最初のルールに従い、お気に入りの本棚に行って読みたい本を選ぶと、「もう、いつでも帰っていいよ」と告げて、もっと小さな声で話すよう友だちを注意するからです。
　デートやその他の親密な人間関係も、きわめて複雑な暗黙のルールに囲まれています。自閉症スペクトラム障害のある国際的に有名な動物科学者のテンプル・グランディン（Temple Grandin, 1995）は、人との関わりについて、はっきりとした考えを述べています。「今でも私には、『親密な関係』というものがよくわからないのです。……私は仕事を通して人とつき合います。自分の才能を伸ばせば、興味をともにする人たちとつき合うようになるものです」（原著、p.139）。言いかえればテンプル・グランディンは、自分にはこの領域に課題があることを認め、安心できる自らの専門分野に留まって、同じような才能や興味を持つ人と交流するという安全な道を慎重に選んできたのです。
　暗黙のルールを理解するのが困難な多くの人が、グランディン博士とはまた違う見方をして、自分の特別な興味に限定した安全地帯からあえて外に飛び出しています。その場合には、対人関係にまつわる暗黙のルールを具体的に学習しておくと役に立つでしょう。対人関係を育む方法を取り上げている書籍を、「暗黙のルールのリストについて」の章の「暗黙のルールを教えるのに役立つ参考書籍」に掲載しました。さらに、基本的なガイドラインのいくつかを、暗黙のルールのリストの中の「社会的場面」（pp.79〜84）で紹介しています。

● **職場** ● ● ●

　職場での暗黙のルールを習得する過程には、大きな障壁が待ち受けている場合があります。なぜかと言えば、就労の場での暗黙のルールの理解については、多くの思い込みがあるからです。つまり、大人なら職場のしきたりがいろいろわかっているだろうから、たとえすぐにはうまく対応できなくても、短期間のうちにルールをマスターできると思われがちなのです。言いかえれば、職場で暗黙のルールを破った場合、寛容に受け入れられることはあまり期待できず、したがって結果はより深刻なものとなります。

　職場には、習得すべき暗黙のルールがたくさんあります。たとえばビジネス書によく載っていることですが、どの会社にも2つの組織図が存在します。1つは会社便覧に記載されている組織図、もう1つは印刷されてはいませんが実際に従うべき命令系統です。社会性-認知の問題や関連する特性のある人はルールに縛られる傾向があり、そのため2つの組織図の違いが理解できず、一般に認められた指揮系統を守らないことで疎外されたり非難を浴びたりするかもしれません。

　そのほかにも職場では、次のようなことに暗黙のルールが存在します。

- 会社のメールを個人的な通信に使ってもよいか？
- 「カジュアルなビジネスウェア」とはどういうものか？
- 新しいアイディアを提案するタイミングをどのように判断するか？
- 職場に、避けたほうがいい人はいるか？
- 「お客さまはいつも正しい」とはどういう意味か？
- 上司と意見が合わないときはどうすればいいか？
- もっと責任のある仕事をしたいと、どのようにたのむか？
- 給料を上げてほしいと、どうやって交渉するか？
- 昼食は外で食べるか？　それとも弁当を持参するか？
- 「ランチタイム」とはどういう意味か？
- 仕事中に休憩をとるか？　とるとしたら、いつ、どこで、どのくらいの時間か？
- 職場の同僚への怒りをどのように表すか？

● 法制度 ●

　法の施行や法制度を取り巻く暗黙のルールはひどく複雑で、ルールを理解していないか誤解している場合は、深刻な事態を招くことになりかねません。

　最近の夜のニュースで、警察に逮捕された若い男性のことが報道されていました。見るからに意気消沈したその若者は、3方向を鏡に囲まれた部屋で、刑事と1対1で向き合って座っていました。刑事が男性を取り調べ、矢継ぎ早に質問を浴びせかけていました。そのうち、刑事は若者に「自白すれば家に帰れるぞ」と言いました。ほんの少し考えただけで、若者は自分がやっていない犯行を自白しました。約束通りに家に帰してもらえると思ったからです。当然ながら筋書き通りにはいかず、若者は拘置されてしまいました。

　若者が知らなかった暗黙のルールは、次にあげるものを含めてたくさんありました。

- 自分がやっていない犯行は自白しない。
- 警察官から取り調べを受けるときは、弁護士を呼ぶ。
- 弁護士が到着するまで、警察には何も言わない。

　デニス・デバート（Dennis Debbaudt）は著書『自閉症と支援者と警察──自閉症スペクトラム障害のある人が陥りやすい危険な状況を理解し減らしていくには［未邦訳］（Autism, Advocates, and Law Enforcement Professionals: Recognizing and Reducing Risk Situations for People With Autism Spectrum Disorders）』の中で、警察官としての自らの経験をもとに、アスペルガー症候群や他の自閉症スペクトラム障害のある人に向けた、法制度にまつわる具体的なアドバイスをしています。

　［社会性-認知に困難のある］自立した人たちから、警察官が近づいてきた場合にどうすればいいかとよく聞かれます。警察が勧めているのは、正規の身分証明書を携帯していることと、自分には［社会性-認知の困難］があり、自らの法的権利を理解できないかもしれないことを伝えるメモを用意しておくことです。メモには、疑わしく思われるような行動の説明や、重要な医療情報、支援者や警察内の知り合いの電話番号も記載しておきます。さらに警察は、次の点をしっかり覚えておくことを勧めています。

- 逃げようとしない。
- 急な動きをしない。
- 落ち着くよう努める。
- ［社会性-認知の困難］があると、警察官に口頭で知らせる。
- 質問に答えられないときは、一般的な、または自分専用の［社会性-認知の困難］情報カードを使うことを考えてみる。
- 上着やズボンのポケットに手を入れる場合は、事前に許可を得るか、その意思があることを知らせる。
- 必要なときは、警察官にたのんで支援者に連絡をとってもらう。
- 当事者全員を最適に保護するために、口頭で、または情報カードを通じて黙秘権を行使し、弁護士を立てるようたのむ。
- あなたが犯罪の被害者や目撃者になった場合は、警察官と話すのに弁護士を同席させる必要はないが、聞き取り調査を受けているあいだ手助けしてもらえる家族や支援者、友人に連絡をとってほしいと警察官にたのむことができる（原著、pp.101-102）。

　法制度を本質的に理解できない人に、暗黙のルールを直接教えることはきわめて重要です。そのほか、法の施行に関するもっと基本的な情報も教える必要があります。たとえば、「仮に相手が間違っていても、警察官とはくれぐれも口論しない」という原則を理解しておくことは不可欠です。

　不幸にも警察官ともめごとを起こしてしまい、あやうく悲惨な結果を迎えそうになった青年を知っています。22歳になるジョンは、これまで警察官と接したことがありませんでした。多くの青年にありがちなことですが、ある朝、ジョンは車で仕事に行く途中、制限スピードを超えてしまいました。その結果、警察官に車を止められました。警察官はジョンに近づくと、運転免許証をわたすよう求め、そのまま車の中にいるよう命じました。ところが、過去に違反がないかジョンの記録をチェックしようと警察官が自分の車に戻っている最中に、ジョンは車で走り去ってしまいました。ジョンは警察官を待っているべきだということがわからず、単に車の中にいればいいのだと字義通りに解釈したのです！

暗黙のルールを教える

　社会性–認知に困難のある人が暗黙のルールを理解するのを助けるには、「教える」ことが重要な鍵となります。なぜかと言えば、彼らの多くは暗黙のルールを経験的に学ぶことがないからです。暗黙のルールは広範囲にわたっているため、教師やセラピスト、親が利用できるさまざまな指導法があることがきわめて重要です。これから説明するテクニックや方法は、暗黙のルールの意味を教えたり解釈したりするための枠組みとなるでしょう。

●セーフパーソン● ● ●

　子どもでも大人でも、暗黙のルールを学習し理解するうえで、安心して誰かに助けを求められることが重要です。それには、質問をするのに安全な人（セーフパーソン）は誰か、またどんな質問をすべきかを知るためのスキルを教わっている必要があります。セーフパーソンとは、ことばや言い回し、場面の意味など、暗黙のルールに関するどんなことでも正確にわかりやすく説明してくれる人で、親やきょうだいでもいいし、理解ある教師や、カウンセラー、支援員、ジョブコーチ、メンター（助言者・指導者）、また信頼できる親しい友人でもかまいません。

　誰が適切なセーフパーソンかを判断するときは、次のような特徴を考慮する必要があります。

1. 本人の性格やものの見方を理解している。
2. 本人の立場に敬意をはらっている。
3. 話をさえぎったり、判断をくだしたりせずに、話を聞くことができる。

4. どんなときに話を聞き、どんなときにアドバイスをすべきかがわかっている。
5. 相手の視点から考えることができる。
6. 力でねじ伏せたりせずに問題を解決できる。
7. どんなときに淡々とした平静な顔をしているべきか、どんなときに活発な態度で接すべきかがわかっている。
8. かんしゃくや激しい怒り、メルトダウン（パニック状態）につながるおそれのある誘因や行動を理解している。
9. SOCCSS（ソックス）法（Situation-Options-Consequences-Choices-Strategies-Simulation）やマンガ化（cartooning）などの問題解決法を用いることができる（以下およびpp.39～41を参照）。
10. 必要に応じて人間関係に線引きができる。

このような関係を有益なものにするために、助けを求める人は、必要な情報が得られるような質問の仕方を教わらなければなりません。次に、質問の仕方の例をいくつかあげてみましょう。

_____とはどういう意味ですか？
わかるように話していただけますか？
（誰かが）_____と言う／をするとき、（それは）どういう意味なのですか？
……するためのもっと良い方法を教えてください。

そのほか、助けを求める人は、セーフパーソンから受けたアドバイスや説明に異議を唱えないようにしなければなりません（Meyer, 2004）。

●SOCCSS（ソックス）法●●●
（状況把握―選択肢―結果予測―選択判断―段取り―事前施行）

ジャン・ルーザ（Jan Roosa、私信、1995年）は、状況把握（Situation）、選択肢（Options）、結果予測（Consequences）、選択判断（Choices）、段取り（Strategies）、事前施行（Simulation）からなるSOCCSS法を考案しました。これは、社会性または行動的問題を系統的にまとめていくことで、ソーシャルスキルに障害のある子どもたちの社会的場面の理解や、問題解決スキルの育成を手助けする方法です。この教師主導ス

タイルの方法によって子どもたちは因果関係を理解し、また多くの状況において、結果は自分たちの判断で変えることができるのだということに気づいていきます。

　SOCCSS法は通常、社会的場面が起こったあとに用いられ、子どもが自分に何が起こったかを理解し解釈する手助けをします。問題を解釈するために作成された方法ですが、ソーシャルスキルを教えるためにも使うことができます。つまり、教師は子どもが今後突き当たりそうな問題を見極めて、そうした状況が実際に起こる前に子どもが対処法を計画できるよう、SOCCSS法でその問題に取り組んでいくことができるのです (Myles & Adreon, 2001; Myles & Southwick, 1999)。この方法は、状況と子どものニーズに応じて、子どもと1対1で用いてもいいでしょうし、グループで教えることもできます。SOCCSS法の6つのステップは次の通りです。

　状況把握：社会性の問題が起こったあと、教師は子どもを手伝って、誰が、何を、いつ、どこで、なぜの5ポイントを特定させます。「誰がその状況に関わっていたか？」「実際に何が起こったのか？」「いつそれは起こったのか？」「どこで問題は起こったのか？」「なぜそれが起こったのか？」などです。この方法の最終的な目標は、子どもが自分の力でこれらのポイントを指摘できるように指導していくことです。しかし初めのうちは、教師が必要に応じて積極的にヒントを与えたり正解を教えたりします。

　選択肢：この段階では教師と子どもでブレインストーミングを行い、子どもが選択できたはずの行動をいくつかあげていきます。ここで言うブレインストーミングとはつまり、教師が子どもの意見を評価することなくすべて受け入れ、メモしていくことです。初めのうちは、できたかもしれない別の行動、または言えたかもしれない別のことばを子どもがいくつか見つけられるように、教師は子どもを励ます必要があります。

　結果予測：「選択肢」のステップで考え出された行動の選択肢それぞれについて、予測される結果をリストアップしていきます。教師は子どもに「それで、もしあなたが〜（選択肢を指定する）をしたら、どうなると思う？」とたずねます。複数の結果が予想される選択肢もあるでしょう。たとえば、出された課題について教師の助けを求めないと決めた場合、子どもは (a) 低い成績か落第点をとり、

さらに（b）課題を終わらせなかったことで親から罰を受ける、という可能性があります。因果関係を判断していくことが難しい子どもたちは、たいてい結果予測をあげていくことに苦労します。この段階でのロールプレイングは、結果に思い至るための良い手がかりとなります。

選択判断：選択肢とその結果に順位番号をふるか、「選ぶ」「選ばない」いずれかの答えを示して、優先順位を決めます。優先順位を決めたあと、子どもに（a）自分にできると思う選択肢、そして（b）自分が望んでいるか必要としているものが最も得られそうな選択肢を選ばせます。

段取り：このステップでは、その「状況」が起こったときに、事前に決めていた「選択肢」を実行する計画を立てます。教師と子どもとは協力し合いますが、計画を考え出すのは子どもでなければなりません。決断を下したのは自分であり、計画に対する責任も自分にあると子どもが感じなければなりませんから、ここのところは重要です。

事前施行：練習がSOCCSS法の最後のステップになります。ルーザは、この事前施行には（a）段取りを実行しているところをイメージする、（b）計画についてほかの人と話す、（c）計画を書いてみる、（d）ロールプレイングを行うなど、さまざまなやり方があるとしています。この事前施行ののちに、子どもは事前施行を評価し、計画を実行するためのスキルと自信が身についたかどうか判断します。もし答えが「ノー」なら、追加の事前施行が必要となります。

　表2は、トムに用いられたSOCCSS法のワークシートです。トムは運動場でデイヴィッドという子どもを押してしまいました。デイヴィッドがトムの着ていた上着をからかったあとに、この行動は起こりました。
　社会的場面で意思決定を行うためのSOCCSS法は、社会性-認知やそれに関連する困難のある子どもたちに広く適用され、子どもたちが（a）因果関係、（b）たいていの社会的場面で選択肢があること、（c）多くの社会的場面のもたらす結果に対し、自分が影響を与えたり、自分で予測したりできること、などを理解するのを助けます。そのほかにも、視覚的ですぐに変化してしまうことがない手法であることから、子

表2 SOCCSS法
状況把握―選択肢―結果予測―選択判断―段取り―事前施行

状況
誰が：デイヴィッドとトム
いつ：昼食後の休み時間
何を：すべり台の列に並んでいるときに、トムがデイヴィッドを押した。スミス先生が2人を見つけ、残りの休み時間は2人とも遊ばせなかった。
なぜ：デイヴィッドはトムの着ている上着のことでトムをからかった。

選択肢	予測される結果	選択判断
デイヴィッドの言ったことを無視する。	デイヴィッドは意地悪なことを言い続けるかもしれない。	
	デイヴィッドは意地悪なことを言うのをやめるかもしれない。	
休み時間はデイヴィッドのそばに行かないようにする。	デイヴィッドがすべり台で遊んでいたら、トムはそこに行くことができないだろう。でも、トムはすべり台で遊ぶのが好きだ。	
デイヴィッドにやめてと言い、もしやめなかったら先生に知らせる。	先生はデイヴィッドに、やめるように言うだろう。	✓（トムが選んだこと）
	先生はトムに、デイヴィッドを無視するように言うだろう。	
デイヴィッドに意地悪なことを言い返す。	トムは先生に注意されたり怒られたりするだろう。	
	先生にはトムの声が聞こえないかもしれない。	

段取り―行動計画
次にデイヴィッドがトムに何か意地悪なことを言ったら、トムはデイヴィッドにやめるように言う。それでもデイヴィッドがからかうのをやめなければ、トムは先生に言うことにする。

暗黙のルールを教える

どもは問題解決の手順や解決策について十分に時間をかけて考えることができます。SOCCSS法は親や教師、セラピストが用いることができます。用途が広いことから、家庭や地域社会、学校での多くの場面に利用できます。最後につけ加えると、これは高度な技術などいっさい要らない支援法です。鉛筆と紙さえあればできるのですから。

　SOCCSS法に関して、最近2つの研究が行われました。SOCCSS法を葛藤解決カリキュラム（conflict resolution curriculum）と組み合わせて、アスペルガー症候群のある小学生年齢の男子2人に用いたのです。2人は社会的場面を誤解したことに関連して、かんしゃくや激しい怒り、メルトダウンを起こした経験がありました。どちらの場合もSOCCSS法に修正が加えられ、子どもには自分で選べる選択肢のリストが与えられました。どちらの子どもにおいてもSOCCSS法は、程度に差はあるものの成功を収めました（Mehaffey, 2003; Trautman, 2003）。

●SOLVE（ソルヴ）法●
（求める―観察する―聴く―声に出す―教える）

　SOLVE法とは、求める（Seek）、観察する（Observe）、聴く（Listen）、声に出す（Vocalize）、教える（Educate）からなり、社会性-認知に課題のある人をエンパワメントするための手法です。実際、SOLVE法は単なる手法を超えたものと捉えることができます。世の中の1つの見方、あるいは特別な考え方なのです。SOLVE法のすばらしい点は、ほとんどすべての環境や場面で使用できることです（表3を参照）。

表3　SOLVE法

S	求める (Seek)	暗黙のルールのあらゆる面を理解しようと求める。
O	観察する (Observe)	周囲の人が何をしているか、また何をしていないかを観察する。
L	聴く (Listen)	周囲の人が何を話しているか、また何を話していないかに耳を傾ける。
V	声に出す (Vocalize)	声に出してたずねることで、自分が理解しているかを確認する。
E	教える (Educate)	人に教えることで、自分も学ぶ。「知識は力なり」を忘れずに。

求める：暗黙のルールは多面的なものです。日々新しいルールが発見されるので、あらゆる社会的場面で暗黙のルールがないか気をつけておくことが重要になります。つまり、積極的に探し求め、学んでいく姿勢を持たなければなりません。

観察する：観察することは、暗黙のルールを学習する1つの方法です。人と交流する前に、時間をかけて社会的場面について検討することが、暗黙のルールを見極める近道になることもよくあります。人がたがいにどのように接するかを観察してください。みんなの動きをよく見てみましょう。集団に加わっているか、1人でいるかを観察してください。こうして観察したことがすべて、暗黙のルールをより理解する助けとなるのです。

聴く：周囲の人が何を話しているかに注意を払ってください。話しているのは仕事のことですか。それとも映画や共通の友人、音楽、本、コンサート、またはテレビ番組についてでしょうか。みんなが話していることに注意を払えば、誰もが楽しめるような形で自分も会話に参加できます。この場合、何を話していないかを見極めることも同じように重要です。たとえば会社のパーティーの席で、ふつうは誰も仕事の話はしないものです。このような場面では、自分の仕事のことばかり話さないように気をつけることが肝心です。

声に出す：スラングや慣用句、ジェスチャーが何を意味するか確信が持てないときは、誰かにそっとたのんで説明してもらいましょう。同様に、特別な社交行事に何を着ていけばいいかわからないときも、とにかくたずねてみます。セーフパーソン、つまりあなたが尊敬し、好意を持つ人ならば、こうした場面で助けてくれるでしょう。人にたずねることをしなければ、暗黙のルールが理解できないために気まずい状況に陥るかもしれません。誤解されたり仲間はずれにされたり、もっと悪いことにもなりかねません。

教える：ここまできたら、あなたは暗黙のルールについてだいぶわかってきたことでしょう。暗黙のルールの理解に苦しんでいる人を見かけたら、今度はあなたがルールを説明して助けてあげたいと思うかもしれません。けれども、人は他人からの忠告をありがたく思わない場合もあることを覚えておいてください。あ

暗黙のルールを教える

なたが誰かのセーフパーソンならば、その人はおそらくあなたに助けてもらいたいと思うでしょう。あなたがセーフパーソンでない場合は、相手があなたからのアドバイスを必要としているか、望んでいるかを見極めてください。それには「何かしてあげられることはありますか」とたずねて確認することもできますし、「以前に私がこのタイプの［行事の名前を入れる］に出たとき、私は……［暗黙のルールを入れる］を知らなかったんですよ」といった、参考になりそうな話を切り出してもいいでしょう。

● ソーシャルナラティブ ● ● ●

　ソーシャルナラティブは、社会的な関わり方や社会的行動に対する適切な反応を説明したり、新たなソーシャルスキルを教えたりすることで支援や指導を提供するものです。教師や親などが子どもの教育レベルに合わせて作成し、また内容をしっかり伝えるために絵や写真を用いることもあり、自己認識・自分で落ち着きを取り戻すこと・自己管理を促進することができます（Myles & Simpson, 2003）。ソーシャルナラティブの作成にあたって、内容が子どものニーズに合致し、子どもの観点を考慮に入れたものであるということ以外、ガイドラインは数えるほどしかありません（表4を参照）。図1に、ソーシャルナラティブの例をあげます。

表4　ソーシャルナラティブを実行するための手順

1. **支援を行う対象となる社会的場面を特定する。**
   ソーシャルナラティブの作成者は、改善すべき社会的行動を選択するのですが、なるべくならその改善により、望ましい社会的交流、より安全な環境、社会的な学習機会の増加など、またはそれらすべてが結果として得られるような社会的行動を選ぶのがよいでしょう。

2. **データ収集の対象となる行動を定義する。**
   どの行動についてデータを集めるかをはっきりと定義することが必要です。子ども本人やデータを集める人全員が共通理解できるように、対象行動を明確に定義しなければなりません。

3. **目標となる行動のベースラインデータ（支援開始前のデータ）を集める。**
   一定期間データを集めていくと、対象行動の傾向がわかります。ベースラインデータの収集は3日から5日、あるいはもっと長く行ってもよいでしょう。

4. **対象の子どもの言語レベルに合わせて、ソーシャルナラティブを書く。一人称（ぼく／私）と二人称（あなた）のどちらを使うべきか考える。**

    ソーシャルナラティブは子どもの理解力に合わせて、個々の子どもに適したことばと字の大きさで書きます。書き手は、一人称の文章（ぼくが忘れてならないのは～）と、二人称の文章（あなたが忘れてならないのは～）のどちらがより効果的かを判断しなければなりません。文章は、現在形と未来形（今現在起こっている場面として描く形式、またはこれから起こる出来事を予測する形式）のどちらにしてもかまいません。

5. **子どもの機能レベルに合わせて、ページごとの文の数を決める。**

    子どもによっては、1ページにつき1文から3文が適当です。それぞれの文は、子どもが特定の内容に注目し、考えることができるようなものにします。また、1ページに2文以上あると情報過多になってしまい、文中の情報を理解できなくなってしまう子どももいます。

6. **写真、手描きの絵、コンピューターで作ったアイコンなどを使用する。**

    写真、手描きの絵、コンピューターで作ったアイコンなどは、適切な行動に対する子どもの理解を高めるものです。とくに、読解が困難な子ども、読解力がようやく芽生えたばかりの子どもや視覚的学習者にとっては有効と思われます。

7. **ソーシャルナラティブを子どもに読み聞かせ、望ましい行動の手本を見せる。**

    ソーシャルナラティブを読み聞かせることと、関連する行動のモデリングを必要に応じて行うことを、子どもの毎日のスケジュールの一部とします。1人で読むことができる子どもなら、クラスメートや大人の前でソーシャルナラティブを読ませるのもよいでしょう。こうすれば、対象としている社会的場面や適切な行動について、みんなが同様に理解できます。

8. **支援中のデータを集める。**

    ベースラインデータの収集と分析で述べた手順を使って、データを集めます。

9. **支援の結果や、関連するソーシャルナラティブの手順を検討する。**

    ソーシャルナラティブを導入してから約2週間経っても望ましい行動への変化が見られなければ、ソーシャルナラティブとその支援実施手順を見直すべきです。支援計画の変更を行うなら、一度に1つずつ変更するようにします（たとえば文章の内容を変更するとき、それを読む時間や読む人も同時に変えることはしない）。一度に1つの要素だけを変えることにより、どの要素が子どもの学習を最も促進させるのかを知ることができます。

10. **学習したスキルの維持と般化（はんか）のためのプログラム。**

    行動の変化が定着したら、ソーシャルナラティブの使用を徐々に減らしていくとよいでしょう。ソーシャルナラティブを読み聞かせる間隔を次第に長くしていったり、子どもに自分の責任でストーリーを読ませたりしていきます。場合によっては、ソーシャルナラティブの使用頻度を減らさずに続けます。どちらにするかはケース・バイ・ケースで決定します。

図1　ソーシャルナラティブ

自分のことは自分でする

　ときどき、ほかの人（とくにママ）に何かたのみたいと思うときがあります。

　ママは、ウエートレスでもタクシーの運転手でもお手伝いさんでもありません。ママやほかの誰かに、私のために何かしてと命令することはできません。それは失礼なことで、私がそんなことをしたら、みんなは私のしたことをよく思わないでしょう。

　私は自分のことを自分でしなくてはなりません。私は自分で何もできない人間ではありません。頭はいいし、できることはたくさんあります。まずは自分で何でもやってみます。

　誰かにたのむのは、自分でできないときだけにします。何か食べるものを用意してもらうとか、テレビをつけてもらうとか、寒いので毛布をとってきてもらうとか、みんなにやってもらうほうが楽だからという理由でたのんだりはしません。

　助けが必要なときは、ていねいに、相手の気持ちを思いやることばを使って伝えます。相手が「いいですよ」と答えて、助けてくれることもあるでしょう。そのときは「ありがとう」と言うことを忘れません。でも、ときには「いいえ」と答えることもあるでしょう。それでもかまわないのです。心の中ではイライラしたり、がっかりしたりするかもしれません。でも、話すときはていねいなことばを使います。同じ質問を何度もくり返したり、「どうして？」とたずねたりは絶対にしません。かわりに、「いいわ」とか「はい、わかりました」と答えるでしょう。それから自分でやってみるか、それとも何もしないか選べばいいのです。

◆ ソーシャルストーリーズ

　最もよく使われているソーシャルナラティブはソーシャルストーリーズ™（Gray, 1995, 1998; Gray & Garand, 1993）です。ソーシャルストーリーとは、特定の社会的場面を子どもの視点から捉え、個人に合わせた文章や物語にして説明するものです。説明には、その場面がどこで、なぜ起きたか、ほかの人たちはどう感じたり反応したりしたか、また何がきっかけで彼らはそう感じたり反応したりしたかなどが含まれま

す（Gray, 1998; Gray & Garand, 1993）。このような枠組みの中でソーシャルストーリーは、特定の状況や、さまざまな能力やライフスタイルを持つ個人に合わせて作成されます。ソーシャルストーリーは文章だけのものでも、また絵や録音テープやビデオと組み合わせたものでもかまいません（Swaggart *et al.*, 1995）。作成するのは教師でも精神医療の専門家でも親でもかまいませんが、通常子どもの意見を取り入れるようにします。

　ソーシャルストーリーは広く認められ人気を得ているものの（Myles & Simpson, 2001）、社会性-認知に困難はあるが認知障害は持たない人にこの手法を用いた効果を実験的に検証した研究は2つしかありません（Bledsoe, Myles, & Simpson, 2003; Rogers & Myles, 2001）。どちらの検証でも、肯定的な行動の変化が認められています。

●マンガ化● ● ●

　マンガに見られるような視覚的シンボルは、抽象的で捉えにくい出来事を、子どもが深く考えてみることができるようにわかりやすく表現することで、社会的場面の理解を高めます（Dunn, Myles, & Orr, 2002; Hagiwara & Myles, 1999; Kuttler, Myles, & Carlson, 1998）。視覚的な手法は、社会性-認知に困難のある子どもたちが暗黙のルールを含めた周囲の環境を理解する能力を高めることがあります（Gray, 1995; Rogers & Myles, 2001）。

　視覚的支援の手法の1つにマンガ化（cartooning）があります。この手法は、クライアントの理解を高めるために言語療法士によって長年用いられてきました。マンガはほかにも、プラグマティシズム（pragmaticism, Arwood & Brown, 1999）、マインドリーディング（mind-reading, Howlin, Baron-Cohen, & Hadwin, 1999）、コミック会話（comic strip conversations, Gray, 1995）などといった多くの支援法において不可欠な役目を果たします。このような手法はどれも、コマ割りマンガの形式で、簡単な絵と、会話や吹き出しなどのシンボルを使って社会的場面の理解を促します。

◆コミック会話

　おそらく最も一般的に用いられているマンガ化の手法は、グレイ（Gray, 1995）によるコミック会話（comic strip conversation）でしょう。グレイ（1994）は、コミック会話を作成するステップを次のように紹介しています。

世間話をする：問題の場面について話し合う前に、大人と子どもは世間話をすることが必要です。世間話は絵を描きながら進めますが、通常は問題の場面についてとくに話題にしません。むしろ教師はこの機会を利用して、子どもとのあいだに良好な関係を育み、子どもからの信頼を得ておきます。天気や週末の話題を取り上げてもいいでしょう。

ある場面についての絵を描く：グレイ（1994）は、子どもがコミック会話を描くことを勧めています。ほかの研究者（Bledsoe et al., 2003; Rogers & Myles, 2001）は、教師が子どもの話す通りに描くことで、子どもは場面に関する情報をよりうまく伝えられると報告しています。どちらにしても芸術的才能は必要ありません。棒人間の絵でも、その絵が誰を表しているかがその場にいる全員にわかるのなら、もっと複雑な絵と同じように役目を果たします。大人は「あなたはどこにいるの？」「ほかには誰がいるの？」「あなたは何をしていたの？」「ほかの人は何をしていたの？」など、詳しい情報を子どものマンガに提供するような質問をいくつかして、子どもが絵を描くのを誘導します。

現在の視点：マンガ化の過程で自然な機会があれば、大人は自分の見方を子どもに伝えます。グレイ（1994）は、マンガ化を行うあいだはできるかぎり子どもが主導権をとる必要があり、大人は「子どもの見方に洞察をもたらすことと、正確な対人関係情報を共有することとのあいだでバランスをとること」を目標にすべきだと述べています（原著p.9）。〔訳注：キャロル・グレイ『コミック会話――自閉症など発達障害のある子どものためのコミュニケーション支援法』（門眞一郎訳、明石書店、2005年）より引用〕

順序や仕組みを与える：グレイ（1994）は、ものごとを整理して考えるのが苦手な子どもにはとくに、子どもが絵を描き込めるコマ枠を与えるよう勧めています。そうすれば起こったことの順番を間違えて描いても、コマに番号を振って、簡単に並べ替えることができます。

マンガを要約する：この段階で、参加者はコミック会話を順序立ててまとめられるようになります。子どもはできるかぎり自分の力でことばに表し、大人が説明を補うのは必要な場合だけに留めます。要約することで、子どもも大人もその

場面に対して同じ理解が得られます。

新たな解決策を明らかにする：大人と子どもは共同作業を行って、ただしここでもできるかぎり子どもが自分の力で取り組み、描いた出来事の新しい解決策を見つけます。子どもが深く考えられるように、解決策を書き留めておくことが必要です。大人と子どもは一つひとつの解決策を一緒に分析し、それぞれの良い点と悪い点について話し合います。子どもはこのリストを保管しておき、将来同じ場面に対処するためのプランにします。

マンガ化についての科学的な検証はわずかしか行われていません。けれどもいくつかの証拠から、アスペルガー症候群のある生徒は、コマ割りマンガの形式を用いて社会的場面や関わりを分析し解釈する社会性の学習に適していることが示唆されています（Howlin *et al.*, 1999; Rogers & Myles, 2001）。図2は、アスペルガー症候群のある子どもに非字義的なことばの使い方を教えるために用いたマンガです。

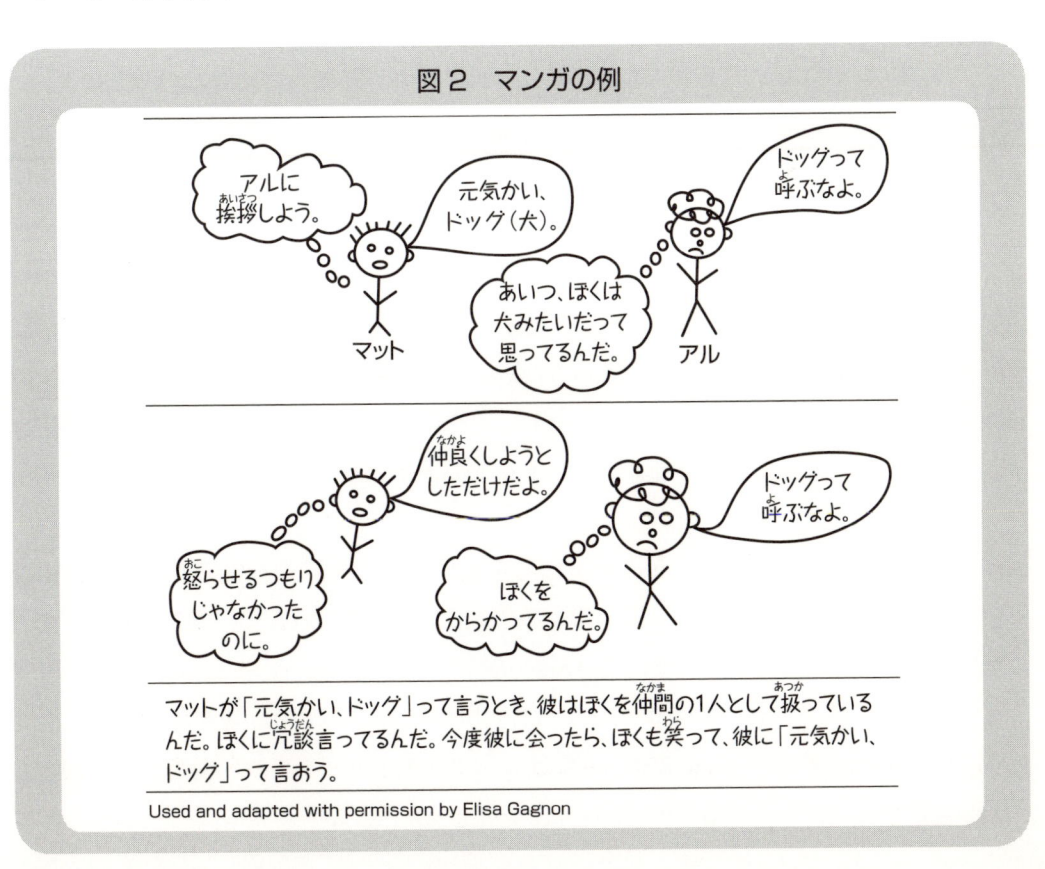

図2　マンガの例

1コマ目：
- マット（思考）：アルに挨拶しよう。
- マット（発話）：元気かい、ドッグ（犬）。
- マット（思考）：あいつ、ぼくは犬みたいだって思ってるんだ。
- アル（発話）：ドッグって呼ぶなよ。

2コマ目：
- マット（発話）：仲良くしようとしただけだよ。
- マット（思考）：怒らせるつもりじゃなかったのに。
- アル（発話）：ドッグって呼ぶなよ。
- アル（思考）：ぼくをからかってるんだ。

マットが「元気かい、ドッグ」って言うとき、彼はぼくを仲間の1人として扱っているんだ。ぼくに冗談言ってるんだ。今度彼に会ったら、ぼくも笑って、彼に「元気かい、ドッグ」って言おう。

Used and adapted with permission by Elisa Gagnon

●パワーカード●

　パワーカードは子どもの独特の興味を利用して、社会的場面、日課、ことばの意味、暗黙のルールなどの理解を助ける視覚的な支援法です。この方法には、筋書きとパワーカードという2つの構成要素があります（Gagnon, 2001）〔2010年明石書店より邦訳刊行予定〕。

　筋書き：「筋書き」とは子どもに理解できるレベルで書かれた短いシナリオで、本人のヒーローや特別な興味を利用して、問題のある行動や場面に対処するものです。つまり、筋書きには子どものヒーローやモデルとなる人物が登場し、子どもが体験したものと類似した問題を体験します。また、なぜヒーローやモデルはそのような適切な行動をとる必要があるのかという理由も述べられます。さらに筋書きの中には、ヒーローやモデルが用いた対処法として3～5段階からなる簡潔な手段が提示され、ヒーローがこの手段を用いてどのように成功したかが書かれています。この対処法を最終的には子どもに般化できるよう仕向けていき、新しい行動（ヒーローやモデルが用いて、肯定的な結果が得られたもの）に挑戦するよう子どもを励ます文章を筋書きに入れておきます。筋書きには雑誌の切り抜きやCG写真、教師や生徒の絵、アイコンなど、子どもがとくに興味を持つ絵や画像を入れてもかまいません。

　パワーカード：パワーカードは名刺やトレーディングカードくらいの大きさで、子どもの独特の興味に関連する絵と対処法のあらましが書いてあります。さまざまな環境で使え、般化をさらに進めるために携帯可能なものになっており、持ち歩くことも、本やノートやロッカーなどに貼り付けておくこともできます。子どもの机の隅に貼っておくのもよいでしょう（Gagnon, 2001）。

　この方法の効果について、2人の子どもを対象とした実験的検証が行われました。1つのケースでは、パワーカードを用いた支援によって著しい行動の改善とさまざまな場面における般化が見られました（Keeling, Myles, Gagnon, & Simpson, 2003）。もう1つの研究では、子どもはパワーカード使用時にある程度の成功を体験しました（Myles, Keeling, & Van Horn, 2001）。図3は、フラストレーションに対処する方法を9歳の子どもに教えるために用いた筋書きとパワーカードです。

図3 パワーカードの手法

　ジェフリーはアスペルガー症候群のある9歳の少年です。特別に興味があるのはフランス料理を作ることです。大人になったらシェフになりたいと思っています。ジェフリーは、自分が何をするよう期待されているのかが理解できないとイライラします（せわしなく部屋中を歩きまわったり、攻撃的なことばを使ったり、みんなが説明しようとしても聞こうとしません）。

　ジェフリーのパワーカードでは、自分の特別な興味に関連したヒーロー（ジャン・ポールというフランス人シェフ）を使って、気分を落ち着かせて人の話が聞ける状態に戻るのに役立つ4つの選択肢をジェフリーに与えています。

筋書き

　フランス料理のシェフは、楽しい仕事です。新しい料理をこしらえるのはワクワクします。けれど、ときどきシェフのジャン・ポールはイライラしてしまいます。とくにレシピの指示や、アシスタントの言っていることがわからないときなどです。ジャン・ポールはよく動揺して、まわりの人に向かって叫んだり、みんなが説明しても聞こうとしなかったりしました。けれど、それがイライラをしずめるために一番良い方法ではないということは、自分でもわかっていました。

　そこでジャン・ポールは、自分を落ち着かせる方法をいくつか学びました。あなたにも、その方法を教えてあげたいと思っています。もしあなたがイライラしてきたら、次のうちのどれか1つを試してみてください。それでも気分が落ち着かなかったら、今度は別のどれかを試してください。

1. 深呼吸を5回する。息を吸ったあと、毎回ゆっくり息を吐く。
2. 目を閉じて、1から20までゆっくり数える。
3. ヘッドフォンをつけて、好きな音楽を聴く。
4. 静かな場所に行って、料理の雑誌をながめる。

対応するパワーカード

> シェフのジャン・ポールからきみへのお願いだ。気分がイライラしてきたら、かならず次のどれか1つを試してくれたまえ。
>
> 1. 深呼吸を5回する。息を吸ったあと、毎回ゆっくり息を吐く。
> 2. 目を閉じて、1から20までゆっくり数える。
> 3. ヘッドフォンをつけて、好きな音楽を聴く。
> 4. 静かな場所に行って、料理の雑誌をながめる。

●社会的場面検証法 ● ● ●

　社会的場面検証法は、ソーシャルスキルに問題のある子どもたちが社会的場面での過ちを理解するのを助けるために、ラヴォイ（Bieber, 1994 より引用）が開発しました。SOCCSS 法と同じように、社会的場面検証法は社会的場面での過ちを細かく調べ、その構成要素を理解するよう考えられたものです。このことばを主に用いる方法は子どもを積極的に参加させるもので、「何が起こったの？」と大人がたずねることから始めます。次に、大人は子どもと同じ基礎知識を得るために、状況を明らかにする質問をいくつかします。情報が集まったら、子どもは(a)ミスをつきとめ、(b)ミスによって迷惑をかけた人を割り出し、(c) どうやってミスを直していくか決定し、(d) ミスが二度と起こらないように計画を立てます。

　社会的場面検証法は、同じような社会的場面での誤解がふたたび起こる可能性を減らすために考えられた建設的な問題解決法です。社会的場面検証法の原則の１つは、出来事が起こった直後にタイミングよく実行することです。子どもはさまざまな環境において、このような誤解を経験するかもしれないので、親やスクールバスの運転手、教師、守衛、学食の従業員など、子どもとふだんつき合っている大人はみな、社会的場面検証法のやり方を知っておくとよいでしょう。社会的場面検証法は一般的に１対１で行われ、子どもが積極的に参加して、自身の社会的関わりを分析する機会を提供します。

　ラヴォイ（Bieber, 1994 より引用）によると、「この検証プロセスは、自身の置かれた環境で自らがとった社会的行動と他者の反応との因果関係を子どもに理解させるのにとくに有効です」（原著、p.11）。さらにラヴォイは、この手法が成功するかどうかは手順をきちんと踏んで行うことや、迅速なフィードバック、正の強化を与えることにかかっていると述べています。表５は、教師が子どもと行った社会的場面検証法の筋書きです。

表5 社会的場面検証法

ばい菌に対して恐怖症のある9歳の少女キャロルのことを覚えていますか。隣人（最近、日本から訪れた）が家の中で靴を脱いだとき、キャロルは「いやんなっちゃう！絨毯を掃除するまで、私、もうここに座れないわ」と言って反応しました。キャロルの母親は娘に「静かにしなさい」と命じましたが、そうするかわりに母親は、隣人に「ちょっと失礼します」と断って、キャロルに（社会的場面検証法を使って）何が起こったのか、またキャロルはかわりに何ができたのかを説明すべきだったのです。

場面を理解するために	例
1.「何が起こったの？」とたずねる。誰もが同じ情報を得ている必要がある。	母親はキャロルに対し、キャロルの視点から状況をわかるように説明するよう求める。それから母親は、靴を脱ぐというサチ・ハギワラの習慣をキャロルに説明し、この社会的場面での「不幸な出来事」をキャロルに落ち着いて振り返らせる。
2. ミスをつきとめる。	ばい菌について、また、絨毯を掃除しなければならないことについてのキャロルの発言。
3. ミスによって迷惑をかけた人を割り出す。	サチ・ハギワラは困ってしまい、もしかしたら腹を立てたかもしれない。 母親も当惑した。
4. どうやってミスを正していくかを決定する。	キャロルは、自分の発言のせいでサチ・ハギワラを当惑させてしまったことを謝る必要がある。
5. ミスが二度と起こらないように計画を立てる。	キャロルは次のどれか1つを行うことができた。 ・頭の中で考えるだけにして、ことばに出して言わない。 ・靴は履いたままでいいと、ていねいな口調で言う。 ・部屋から出る。

● **直接指導** ● ● ●

　直接指導とは教師主導型の手法で、教師と子どものあいだにひんぱんなやりとりが行われます。このようなやりとりは、教師が手本にできるセリフや、子どもの応答を求めるタイミングを示した指標が書かれた台本をもとにしてもよいでしょう。直接指導では活発なペースを維持し、教師は子どもの応答を求めると同時に正しい行動をモデリングし、子どもにしっかりと理解させます。子どもは口頭で答えたり、答えを書

き留めたり、ロールプレイングを行ったりするなど、さまざまな言語や身体の応答モードを用いて、ひんぱんに応答していきます。そのほかには、迅速なフィードバックが直接指導における重要な要素になります。ことばでの応答やロールプレイングに続いて、子どもに具体的なフィードバックを与えることで正確な反応を強化し、90～95％の正確さで習得できていないスキルには追加練習を行います。この点に関しては、ベイカー（Baker, 2003）やウィナー（Winner, 2000）による指導要綱が役に立つでしょう。

●1日1項目● ● ●

暗黙のルールは無数にあることから、こうしたルールを教えたり習得したりするうえで、教える側も学ぶ側もどこから手をつけてよいのか途方に暮れてしまうかもしれません。それでも「千里の道も一歩から」ということわざを肝に銘じて取り組めば、それほどひるむことでもないと思えてくるはずです。

たとえば教師が毎日、授業を始める前に暗黙のルールを1つ説明し、そのルールが出現したときに生徒の注意を向けさせれば、生徒は毎年180項目のルールを学ぶことができます〔訳注：アメリカの標準年間登校日は180日〕。同様に毎日、寝る前や朝食時に親が子どもにルールを1つ教えれば、子どもは365項目の暗黙のルールを学べます。こうして子どもたちはそれほど努力しなくても、1年に545項目の情報を学習することができ、より充実した幸せな社会的関わりを経験できるようになるでしょう。

●5段階表● ● ●

ブロンとカーティス（Buron & Curtis, 2003）は、社会性-認知に困難のある人が日常の出来事に対する自身の感情や反応をより理解し、その結果、自分の力で応答を調節できるよう手助けするために、この5段階表を作りました。この表のユニークな点は、こだわり（強迫性）の指標、ストレス尺度、メルトダウンのモニターなどとしても使えることです。

この表を使うことで、子どもたちは自身の行動面での難しさがどの段階にあるかを認識し、それぞれの段階で自分を落ち着かせる方法を学んでいきます。図4と5は、この5段階表がどのように使われるのかを紹介しています。

図4

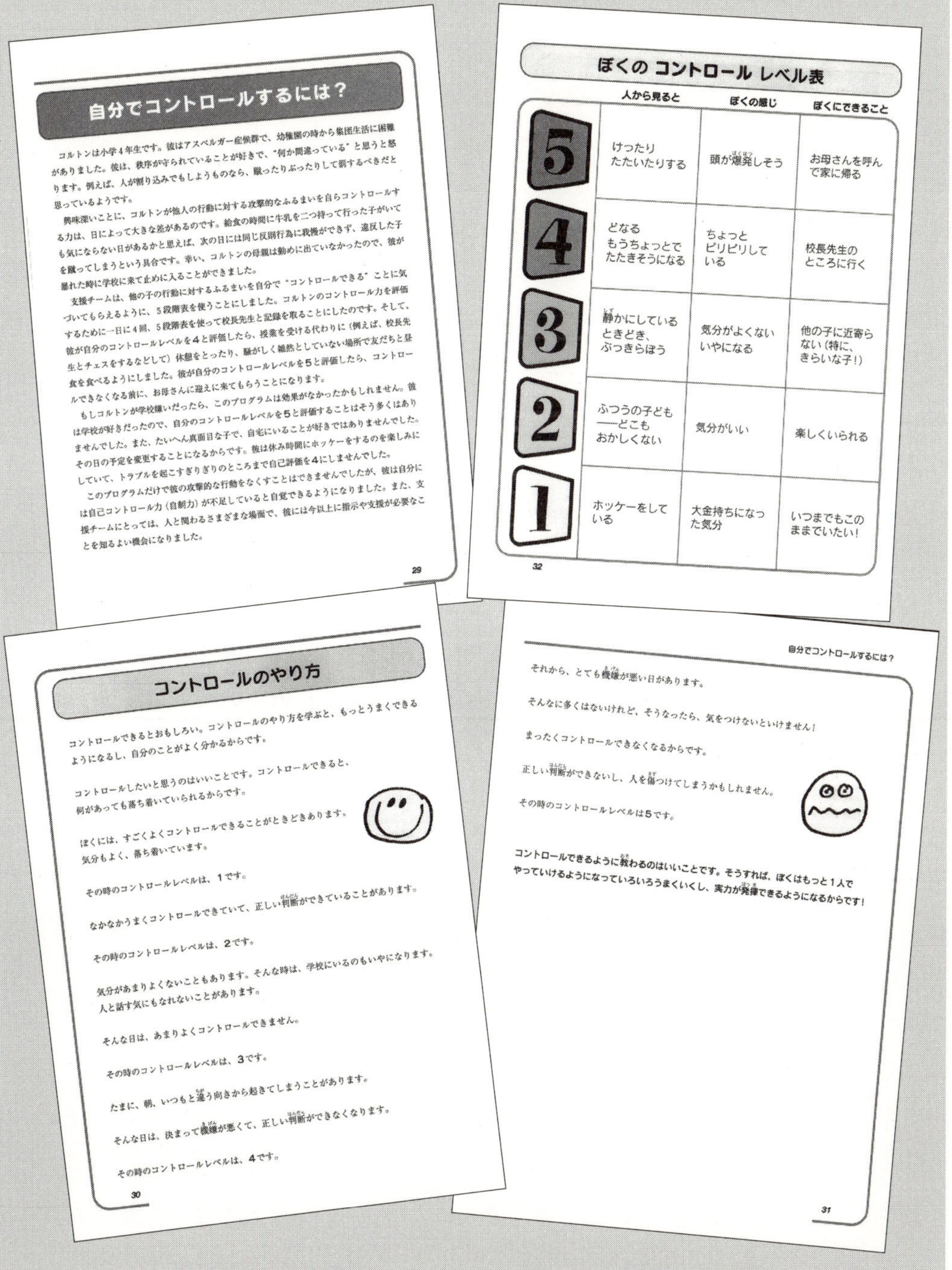

自分でコントロールするには？

コルトンは小学4年生です。彼はアスペルガー症候群で、幼稚園の時から集団生活に困難がありました。彼は、秩序が守られていることが好きで、"何か間違っている"と思うと怒ります。例えば、人が割り込んでもしようものなら、殴ったり蹴ったりして罰するべきだと思っているようです。

興味深いことに、コルトンが他人の行動に対する攻撃的なふるまいを自らコントロールする力は、日により大きな差があるのです。給食の時間に牛乳を二つ持って行った子がいても気にならない日があるかと思えば、次の日は同じ反則行為に我慢ができず、違反した子を殴ってしまうという具合です。幸い、コルトンの母親は勤めに出ていなかったので、彼が暴れた時に学校に来て止めに入ることができました。

支援チームは、他の子の行動に対する攻撃的なふるまいを自分で"コントロールできる"ことに気づいてもらえるように、5段階表を使うことにしました。コルトンのコントロール力を評価するために一日に4回、5段階表を使って校長先生と記録を取ることにしたのです。そして、彼が自分のコントロールレベルを4と評価したら、授業を受ける代わりに校長先生とチェスをするなどして休憩をとったり、騒々しく雑然としていない場所で友だちと昼食を食べるようにしました。彼が自分のコントロールレベルを5と評価したら、コントロールできなくなる前に、お母さんに迎えに来てもらうことにしました。

もしコルトンが学校嫌いだったら、このプログラムは効果がなかったかもしれません。彼は学校に行くのが好きだったので、自分のコントロールレベルを5と評価することはそう多くはありませんでした。また、たいへん真面目な子で、自宅にいることが好きではありませんでした。その日の予定を変更することになるからです。彼は休み時間にホッケーをするのを楽しみにしていて、トラブルを起こすぎりぎりのところで自己評価を4にしました。

このプログラムだけで彼の攻撃的な行動をなくすことはできませんでしたが、彼は自分に自己コントロール力（自制力）が不足していると自覚できるようになりました。また、支援チームにとっては、人と関わるさまざまな場面で、彼には以上に指示や支援が必要なことを知るよい機会になりました。

ぼくの コントロール レベル表

	人から見ると	ぼくの感じ	ぼくにできること
5	けったり たたいたりする	頭が爆発しそう	お母さんを呼んで家に帰る
4	どなる もうちょっとで たたきそうになる	ちょっと ピリピリして いる	校長先生のところに行く
3	静かにしている ときどき、 ぶっきらぼう	気分がよくない いやになる	他の子に近寄らない（特に、きらいな子！）
2	ふつうの子ども ——どこも おかしくない	気分がいい	楽しくいられる
1	ホッケーをしている	大金持ちになった気分	いつまでもこのままでいたい！

コントロールのやり方

コントロールできるとおもしろい。コントロールのやり方を学ぶと、もっとうまくできるようになるし、自分のことがよく分かるからです。

コントロールしたいと思うのはいいことです。コントロールできると、何があっても落ち着いていられるからです。

ぼくには、すごくよくコントロールできることがときどきあります。気分もよく、落ち着いています。

その時のコントロールレベルは、1です。

なかなかうまくコントロールできていて、正しい判断ができていることがあります。

その時のコントロールレベルは、2です。

気分があまりよくないこともあります。そんな時は、学校にいるのもいやになります。人と話す気にもなれないことがあります。

そんな日は、あまりよくコントロールできません。

その時のコントロールレベルは、3です。

たまに、朝、いつもと違う向きから起きてしまうことがあります。そんな日は、我慢して機嫌が悪くて、正しい判断ができなくなります。

その時のコントロールレベルは、4です。

それから、とても機嫌が悪い日があります。

そんなに多くはないけれど、そうなったら、気をつけないといけません！

まったくコントロールできなくなるからです。

正しい判断ができないし、人を傷つけてしまうかもしれません。

その時のコントロールレベルは5です。

コントロールできるように教わるのはいいことです。そうすれば、ぼくはもっと1人でやっていけるようになっていろいろうまくいくし、実力が発揮できるようになるからです！

出典：カーリ・ダン・ブロン＆ミッツィ・カーティス著『これは便利！5段階表——自閉症スペクトラムの子どもが人とのかかわり方と感情のコントロールを学べる5段階表 活用事例集』（柏木諒訳、スペクトラム出版社、2006年、pp.29〜32）より転載

図5

出典：カーリ・ダン・ブロン＆ミッツィ・カーティス著『これは便利！5段階表——自閉症スペクトラムの子どもが人とのかかわり方と感情のコントロールを学べる5段階表 活用事例集』（柏木諒訳、スペクトラム出版社、2006年、pp.44～46）より転載

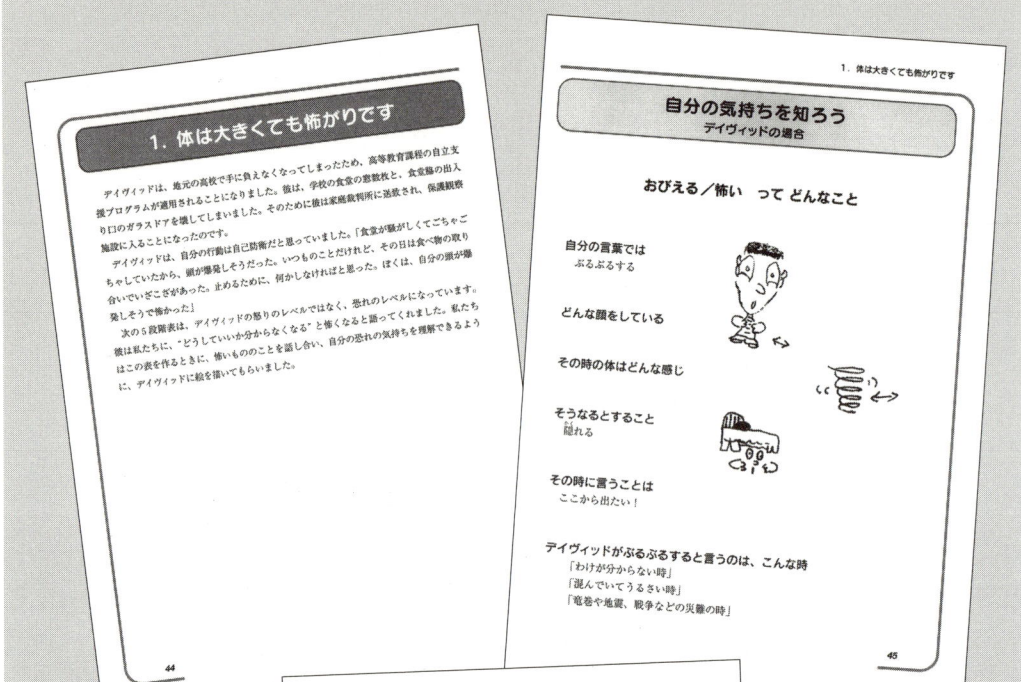

●ビデオ・モデリング●

ビデオ・モデリングでは、自分やほかの人たちが課題に取り組んだり、活動したりしているビデオを子どもが見ることで、暗黙のルールやそのほかのスキルを学んでいきます。

◆ビデオ・セルフモデリング（VSM）

VSMは、課題に取り組んでいるところを子ども自身がビデオで観察します。たとえば、さまざまなタイプの人間（教師や生徒、警察官や役所の人など）にあいさつをするときの暗黙のルールを学ぶ場合、子どもが友だちや大人を相手にさまざまなあいさつのシナリオをロールプレイングしているところをビデオで撮影します。それから子どもはビデオの中で自分が適切な行動をとっているところを見るのです（Bellini, 2003）。VSMには、ポジティブ・セルフレビューとビデオ・フィードフォワードという2つの手法があります（Dowrick, 1999）。

ポジティブ・セルフレビュー（PSR）は、あるスキルを身につけたのに、その行動をそののちとらない子どもに行います。大人や友だちからのサポート（ヒントを与えたり、促したりなど）を受けて、子どもがその行動をする様子をビデオで撮影します。次に、録画したビデオからサポートしている場面を編集でカットします。そうすれば、子どもは自分がひとりでスキルを実行している様子を見ることができます。このようにして、PSRは子どもに復習させる働きをします（Dowrick, 1999）。

ビデオ・フィードフォワード（VFF）〔訳注：フィードバックのように結果に対して働きかけるのではなく、あらかじめ予測した結果を提示すること〕は、スキルの構成部分は知っているのに、それらの行動をまとめて完成させることができない子どものための指導ツールです。

　マヌエルは同級生に自己紹介するステップを学習しました。まずは（a）同級生のそばに行く、それから（b）相手の顔を見る、（c）「こんにちは」と言う、（d）相手が自分に注意を払っているのを確認する、（e）「ぼくの名前はマヌエルっていうんだ」と言う、そして（f）その子と共通の話題を切り出す（「きみはマッチボッ

クス・トウェンティ〔訳注：アメリカの人気ロックバンド〕が好きだって聞いたけど」とか、「『スパイキッズ 3-D』をもう見た？」)。マヌエルはこれらのスキルを個別に、またロールプレイングでも行うことができますが、校庭や近所でステップを最後まで終わらせることがなかなかできません。マヌエルのための VFF では、6つの行動をそれぞれ個別に行っているところをビデオで撮ります。それからテープをつなぎ合わせ、ステップが順番通りに続けて行われている様子を見せていきます。

◆ビデオ・インストラクション（VI）

ビデオ・モデリングには、VI というもう1つの手法があります。これは、他者が特定の行動をとるか、課題を行っている様子を見せることで、子どもたちをサポートするものです。VI の手法を用いて、子どもに一連のスキルを個別に示し、次にスキルを「実生活」で用いられる形につなげて見せることもできます。そのほかにも、ポジティブ・セルフレビューと同様に、以前身につけたのに、いつも使えるとはかぎらないスキルを復習するためにも使用できます。

　キーシャと家族は年に一度の親戚の集まりに出かける準備をしていました。キーシャがこの集まりを無事に楽しく経験できるように、おばのマーサは集まりが開かれる家の中と外をビデオに撮りました。ビデオの画面でマーサおばさんは、集まりではどんな体験ができるのか、どんな料理が出るのかをキーシャに説明しました。さらに、参加する予定の親戚の写真も見せました。キーシャと家族は、キーシャが集まりに安心して参加できるよう、ビデオを4回見ました。

　ボディランゲージを読み取ることを教えるときは、社会的な環境で実施しなければなりません。ビデオを見ることは、ボディランゲージの解釈の仕方を教える優れた方法です。ビデオを止めて動きや身振りについて批評したり、巻き戻してくり返し見たりもできます。会話を観察し、顔の表情や手振りや姿勢をよく見るとともに、誰かが話していることや、話していないことをロールプレイングすることも、ボディランゲージの暗黙のルールを教える1つの方法です。

　ベリーニ（Bellini, 2003）によると、VSM や VI を用いることには次のような利点があります。

- 子どもの視覚的学習のスタイルを用いて学習をサポートする。
- 動機付けになる。
- ビデオ・モデリングでは事前に対策を立てるため、子どもは問題が起こる前に社会的場面について検討できる。

ビデオ・モデリングは、注意欠如・多動性障害、選択緘黙症(かんもく)、社交不安、自閉症スペクトラム障害などのさまざまなニーズのある子どもたちに用いられて成功を収めています（Charlop-Christy & Daneshvar, 2003; Charlop-Christy, Le, & Freeman, 2000; Charlop & Milstein, 1989; Harvey, Clark, Ehlers, & Rapee, 2000）。

●まとめ● ● ●

　この章で紹介した方法は、どれも暗黙のルールを教えるうえで効果があります。どの方法を用いるにしても、社会性−認知に困難のある人にこうした基本的なルールや慣習、マナーを教えて、身につけてもらうことの必要性を理解しておくことが重要です。

暗黙のルールの
リストについて

　人生を成功に導く暗黙のルールをすべて特定するのは不可能だと私たちも理解しておりますが、それでもみなさんが指導計画を立てるうえで役立つと思われるルールを57～90ページにリストアップしました。このリストをきっかけにして、暗黙のルールを生得的に理解しない子どもたちに教えておくべきルールを、みなさんがさらに特定できるよう願っています。

　この本で提示した暗黙のルールは、「するべきこと」と「してはいけないこと」のおおまかなガイドラインである点を覚えておいてください。すでに説明しましたように、これらのルールは誰と一緒にいるか、どこにいるか、またその場にいる人の解釈や視点などによっても変わってくるかもしれません。暗黙のルールを学ぶ人は、信頼できる大人とこれらのリストについて話し合うとよいでしょう。暗黙のルールは、次のテーマごとにまとめてあります。

- 飛行機に乗るとき
- トイレでのルール
- お誕生日のパーティー
- 服装
- 食事
- 友だち関係
- ライフスキル
- 学校
- 社会的場面
- プールでのルール
- 生きていくためのルール
- 比喩表現と慣用句

● 暗黙のルールを教えるのに役立つ参考書籍 ● ● ●

　ほかにも暗黙のルールの問題を取り上げた書籍がありますので、参考にすれば本書で紹介したアイディアをさらに補うことができるでしょう。以下は、ことばで表されないルールを子どもたちに教えるために利用できる書籍のリストです。実際に利用する前に、子どもや生徒に知ってほしいルールが含まれているかを確認したいと思われる親御さんや先生方のために、ここで書籍の内容を簡単に紹介しておきます。

『こんなとき　どうしたらいい？──アスペルガー症候群・自閉症のお友だちへ　ヘイリーちゃんのアドバイス』ヘイリー・モーガン・マイルズ著、萩原 拓訳・解説、日本自閉症協会、2006年（Myles, 2002）

　アスペルガー症候群のある5歳から11歳の子どもに向けて、9歳の少女が書いたこの実践的な書籍は、自閉症スペクトラム障害のある子どもの生活を複雑なものにしている日々のさまざまなことがらを取り上げています。とくに役に立つのは、「学校で…」「人とつきあうとき」「感情や心配ごと」「家のなかで」の各章です。

『なんて失礼な！──良いマナーと適切な行動と他人を怒らせない態度を身につけるティーンエージャー向けガイドブック［未邦訳］（*How Rude!: The Teenager's Guide to Good Manners, Proper Behavior, and Not Grossing People Out*）』アレックス・J・パッカー著（Packer, 1997）

　この本は、同級生とのつき合い方から「ネチケット」（オンラインでのエチケット）まで、あらゆることを取り上げています。テンポが良くて、楽しく読めて、ティーンエージャー向けのことばで書かれています。

『親を育てよう──ティーンエージャー向けハンドブック［未邦訳］（*Bringing up Parents: The Teenager's Handbook*）』アレックス・J・パッカー著（Packer, 1992）

　この本は一見すると、思春期の子どもたちに、欲しい物を手に入れるための親の操縦法を教えているようにも見えます。でも筆者が実際に教えているのは、「はっきりと意思を伝えること」「積極的な聞き手になること」「自分の行動の責任をとること」「交渉すること」「妥協すること」です。扱うテーマには、「家庭の問題を解決する」「親とうまくコミュニケーションをとる」「きょうだいの問題に対処する」などが含まれています。

『紳士ならこう言おう──人生において大切で、ときに気まずい場面で出会ったら［未邦訳］（*As a Gentleman Would Say: Responses to Life's Important (and Sometimes Awkward) Situations*）』ジョン・ブリッジス／ブライアン・カーティス著　（Bridges & Curtis, 2001）

　この本は大人の男性（および思春期の男子）向けに書かれた本ですが、女性（および思春期の女子）にも当てはまる内容になっています。冒頭で、「話し上手な紳士なら知っている53のこと」が紹介され、その中には、話の聞き方、たのみごとの仕方、「ノー」の意味を理解する、などが入っています。また、お金の貸し借りや外食、初対面の人に会うとき、葬式でのふるまい方など多岐にわたる項目も含まれています。

『男の子のためのマナーの本［未邦訳］（*A Little Book of Manners for Boys*）』ボブ・バーンズ／エミリー・バーンズ著　（Barnes & Barnes, 2000）

　この本ではボブという名のコーチが、少年たちに「気のいい奴になる」「物事に対処する」「食事をする」や、そのほかの重要なことについて語ります。この本は6歳から12歳までの少年向けに書かれています。親は1日1項目を夕食時か寝る前に子どもに読み聞かせ、話し合うといいでしょう。

『マナーの本──女の子が礼儀と思いやりを身につけるには［未邦訳］（*A Little Book of Manners: Courtesy and Kindness for Young Ladies*）』エミリー・バーンズ著　（Barnes, 1998）

　このカラフルな装丁の本には、エヴリンおばさんとエミリーが登場し、電話や食事時間、お手伝い、遊び時間、訪問時のマナーなどについて話し合います。この本は一連の短いお話で構成され、親が子どもに読んでやってもいいし、子どもが自分で読むこともできます。

『どうふるまえばいいの？──困った場面における現代のマナーガイド［未邦訳］（*How to Behave: A Guide to Modern Manners for the Socially Challenged*）』キャロライン・タイガー著（Tiger, 2003）

　思春期後期の子どもや大人向けに書かれたこの本は、飛行機・電車・自動車での移動、大都市での生活、余暇、デートや恋愛、街での遊びについて解説しています。この本に出てくる現実の問題はよく出くわすものであっても、たいていの人は心の準備ができていません。たとえば車の運転に関していうと、「車線を塞ぐ」「直前の車にぴったりくっついて走る」「割り込む」「妨害する」「合流する」などの問題をわかり

やすく説明しています。

プレザント・カンパニー社の「アメリカンガール（*The American Girl*）」シリーズ。
　このシリーズはあらゆる年齢の少女にとって大変貴重な本です。生き生きとした魅力的なイラストが描かれたこれらの本は、口調はくだけたものでも、ためになる情報を伝えています。このシリーズには、『**自分をケアし、大切にするには——女の子のためのからだの本**［未邦訳］（*The Care and Keeping of You: The Body Book for Girls*）』ヴァロリー・シェーファー著（Schaefer, 1998）、『**わたしは何でもできる——強い女の子になるためのメッセージカード**［未邦訳］（*I Can Do Anything!: Smart Cards for Strong Girls*）』テレーズ・コーチャック著（Kauchak, 2002）、『**上手な文章を書くには——女の子がすてきな詩や物語、学校のレポートなどを書くためのガイドブック**［未邦訳］（*Writing Smarts: A Girl's Guide to Writing Great Poetry, Stories, School Reports, and More!*）』ケリー・マッデン著（Madden, 2002）、『**気持ちについての本——自分の感情をケアし、大切にするには**［未邦訳］（*The Feelings Book: The Care and Keeping of Your Emotions*）』リンダ・マディソン著（Madison, 2002）、『**ひとりでお留守番——安心して楽しむための女の子向けガイドブック**［未邦訳］（*Staying Home Alone: A Girl's Guide to Feeling Safe and Having Fun*）』ドッティ・レイマー著（Raymer, 2002）があります。

『ティーンエージャーのための生き方指南』［未邦訳］（*Life Lists for Teens*）』パメラ・エスペランド著（Espeland, 2003）
　この本はあらゆる年齢のティーンエージャーにとって貴重な情報源です。友だちとうまくつき合う方法、勉強の仕方や遊び方など、人生のさまざまな経験について幅広いテーマを扱っています。

●まとめ●●●

　ハウツー本やその他の参考書籍は、暗黙のルールを教えるうえで貴重な助けとなります。上にあげた書籍のほかにも、「超初心者向け」や「サルでもわかる」などとうたわれているガイドブックは、残念なタイトルにもかかわらず、楽しく利用できる優れた情報源になることがあります。

暗黙のルールの
リスト

● 飛行機に乗るとき ● ● ●

- 飛行機の座席に座っているときは、片方のひじ掛けだけを使いましょう。あなたが通路側に座っているならば、通路側のひじ掛けを使うとよいでしょう。
- あなたの腕やからだがひじ掛けを越えて、となりの座席のスペースに入らないように気をつけましょう。
- 飛行機の中では、ふつうソフトドリンクやスナックは無料です。
- 飛行機の中では、静かに座ってできることをしましょう（読書やパソコン、ノートに絵や文字を書くなど）。
- 小型ゲーム機やウォークマン、MP3 プレーヤーや iPod を使うときは、音を出さないか、ヘッドフォンを使いましょう。このような電子機器の使用については、乗る飛行機によって異なる場合があるので、機内アナウンスに注意したり、キャビンアテンダントにたずねたりしましょう。
- 飛行機の中の温度は、あなたにとってちょうどよいものではないかもしれません。あらかじめ薄手のシャツや上着、トレーナーなどを着ておくか、手元に持っておきましょう。
- 音楽を聴いているときは、声を出さずに心の中で口ずさみましょう。
- あなたの座っている席が通路側の席でないときは、席を離れる回数をできるだけ少なくしましょう。
- 飛行機の中で出てくる食べ物の種類は、あまり多くありません。飛行機に乗って

いるあいだにお腹がすきそうなときや、あなたに食べ物の好き嫌いがあるならば、おやつなどのちょっと口に入れるものを用意しておくとよいでしょう。

- 飛行機の中で、たばこを吸ってはいけません。
- となりに座っている人に向かって、「この席に座るには、あなたは太りすぎです」と言ってはいけません。
- 席に座っているときは、前の座席を手で押したり引っぱったり、足で蹴ったりしてはいけません。
- 誰がうしろに座っていたとしても、うしろを向かずに、きちんと前を向いて席に座ります。
- 足はいつも床に下ろしておきましょう。前の座席の背に足をのせてはいけません。
- 飛行機に乗っているときに、「この飛行機をハイジャックする」とか、「誰かを傷つける」などといった冗談を絶対に言ってはいけません。
- 空港で待っているあいだや飛行機に乗っているときに、「拳銃／ナイフ／爆弾を持っている」などといった冗談を絶対に言ってはいけません。
- 飛行機のスケジュールは、ときどき変わることがあります。そんなときは、ただ落ち着いて変更を受け入れるしかありません。
- あなたの乗った飛行機が、しばらくのあいだ、滑走路で待機していなければならない場合もあります。そんなときは、何か静かにできることをして、時間がすぎるのを待ちましょう。

●トイレでのルール● ● ●

- トイレを使ったあとは、かならず手を洗いましょう。
- トイレを使ったあとは、忘れずに流しましょう。
- トイレを使っているあいだは、いつもドアを閉めておきます。
- トイレを使うときは、便器の中に用を足して、便器の外にはかからないようにしましょう。誤って便器の外にかけてしまったときは、使っていないトイレットペーパーでふきとりましょう。

- トイレの個室から出る前に、ズボンを上げておきましょう。

- トイレで自分がしたことを、人に話すのはよしましょう。

- あなたが男の子なら：トイレで用を足しているときは、まわりの人に話しかけてはいけません。

- あなたが男の子なら：小便器を使うときはズボンを下ろさないで、ただチャックを開けて性器を出し、小便をしたら、性器をズボンの中にもどし、チャックを閉めます。

- あなたが女の子なら：たとえ友だちでも、となりの個室に入っている人には話しかけないようにしましょう。

- トイレの個室が空いているかどうか調べるために、ドアの隙間から中をのぞいてはいけません。まず、鍵がかかっているサインがドアに出ているかを確認しましょう。

- トイレの壁に落書きをしてはいけません（ほかの人がしていても）。

- トイレの個室から出てきた人に、個室の中が臭くなったと文句を言うのはよしましょう。

● お誕生日のパーティー ● ● ●

◆ パーティーに行く前

- お誕生日のパーティーに招待してほしいと、自分からたのんではいけません。
- お誕生日のパーティーは、いつもお誕生日の当日に開かれるとはかぎりません。
- パーティーに招待されていない人のそばで、パーティーの計画について話すのはよしましょう。
- 自分が好きなものではなく、お誕生日の人が気に入りそうなプレゼントを買いましょう。

◆ パーティーの席で

- パーティーの席では、みんなを招待した人、つまりお誕生日をむかえる女の子や

男の子がみんなの「ボス（何でも決められる人）」です。

- あなたがティーンエージャーで、パーティーに女の子しか呼ばれていないなら、話題はもっぱら男の子のことになるかもしれません。
- パーティーの内容が、あなたには気に入らないかもしれません。興味や好みは、人によって違うものです。たとえあなたには気に入らなくても、パーティーに呼んでくれた人にそう言ってはいけません。
- パーティーの席で、自分が前に開いたお誕生日のパーティーの話をしたり、自分のパーティーのほうがずっと良かったと言ったりするのはやめましょう。

◆ お誕生日のケーキ

- お誕生日の本人だけが、ロウソクの火を吹き消すことができます。ただし、お誕生日の人から吹き消すのを手伝ってとたのまれたときは、手伝ってかまいません。
- ケーキの見た目が気に入らなくても、ケーキが不格好だなどと言ってはいけません。
- ケーキの味があなたの好きな味でないときに、一切れどうぞとすすめられたら、「いいえ、けっこうです」とか「今はあまり食べたくありません」とだけ言いましょう。
- お誕生日の人がロウソクの火を消して、ケーキが切り分けられるまでは、ケーキを食べるのは待ちましょう。
- ときにはパーティーで出された料理がどれも、あなたの好みではないかもしれません。そんなときは、招待してくれた人に向かって、料理がまずいなどと言ってはいけません。料理をすすめられてことわるときは、「あとで何かいただくかもしれません」「今はけっこうです」「まだお腹がすいていないので」などと言うだけでいいのです。

◆ プレゼント

- お誕生日の本人が、自分でプレゼントを開けます。
- プレゼントの値段がいくらか、みんなに聞こえるように言ってはいけません。
- プレゼントをもらった本人だけが、プレゼントで遊ぶことができます。ただし、あなたに遊んでもいいと言ってくれたときは、遊んでかまいません。

- 誰かが誕生日の人にあげたプレゼントについて、失礼なことを言ってはいけません。
- もともと自分で持っていたものを、誰かにプレゼントとしてあげるときは、もういらなくなったからあげるのだと言ってはいけません。
- プレゼントをくれた人に向かって、プレゼントが気に入らないと言うのはよしましょう。
- 自分がすでに持っているものをプレゼントとしてもらったら、「あーあ、同じものが5つもたまっちゃった。これ、どこに返しにいけばいい？」などと言わないこと。それよりもこんなふうに言えばいいでしょう。「すてきなプレゼントね。とっても良い物だから、もう私1つ持ってるの」。プレゼントはあとから交換できます。
- お誕生日の人がどんなプレゼントをもらえるか前もって知っていても、教えてはいけません。秘密だから教えられないとだけ言いましょう。このようなことを秘密にしておいても、うそをついたことにはなりません。

● **服装** ● ● ●

- パジャマを着たまま、家の外に出てはいけません。
- 外出しているときに下着を直してもかまわないのは、トイレの個室の中でだけです。トイレの個室のような1人になれる場所にいないかぎり、下着を手でひっぱって直してはいけません。また、人前で性器のある場所を直してもいけません。
- 靴をはく前に、まず靴ひもをほどきましょう。
- たとえ暑くても、人前で服を脱ぐのは適切なことではありません。
- 天候にふさわしい服を着ましょう。
- どんなに暑くても、あるいはジーンズのはき心地が悪くても、学校でジーンズを脱ぐのは適切なことではありません。
- 男の子がピンク色の下着をつけるのはカッコいいとは言えません。
- 服の下から下着の線が透けて見えるほど、ぴっちりとした服を着てはいけません。

●食事●

◆ 基本的なルール

- 食事やおやつの前には手を洗いましょう。
- 食べ物をかんでいるときは、いつも口を閉じていましょう。
- ナプキンはあごの下にかけるのではなく、ひざの上に置きます。
- ほかの人の食べる物を勝手に食べてはいけません。
- 自分のはしやフォークなどを使って食べましょう。ほかの人のお皿にのっているはしやフォークなどを手にとっていけません。
- 洟をかむときは、ナプキンでなくティッシュを使いましょう。
- テーブルの席で洟をかんではいけません。「失礼します」と言って席を立ち、トイレに行って洟をかみましょう。
- せきやくしゃみが出そうになったら、ティッシュで鼻や口をおおって、テーブルから顔を少し遠ざけます。せきやくしゃみをし終わったら、ティッシュをたたんで自分のポケットにしまい、「失礼しました」と言いましょう。
- 食べ終わったあとに、いすの背にもたれてお腹をさするのはよしましょう。
- 何でも食べるものに、ケチャップなどの調味料をかけるのはやめましょう。ほかの人は気持ちが悪くなって、次からはあなたのとなりに座りたがらないかもしれません。
- 食事をしているテーブルで、髪をとかしてはいけません。
- 食べ物はつねに口の中に入れておきます。たとえおいしくなくても、ちょっぴりかじってお皿の上に吐き出すようなことをしてはいけません。
- 食事中に、はでにゲップをするのは礼儀正しいことではありません。
- 何か飲みたいときは、自分のコップを使いましょう。ほかの人のコップから飲んではいけません。

◆ 友だちの家で食事をする

- 友だちの家で食事をするときは、食事の用意ができたと家の人が言うまで待ちま

- 誰かが誕生日の人にあげたプレゼントについて、失礼なことを言ってはいけません。
- もともと自分で持っていたものを、誰かにプレゼントとしてあげるときは、もういらなくなったからあげるのだと言ってはいけません。
- プレゼントをくれた人に向かって、プレゼントが気に入らないと言うのはよしましょう。
- 自分がすでに持っているものをプレゼントとしてもらったら、「あーあ、同じものが5つもたまっちゃった。これ、どこに返しにいけばいい？」などと言わないこと。それよりもこんなふうに言えばいいでしょう。「すてきなプレゼントね。とっても良い物だから、もう私1つ持ってるの」。プレゼントはあとから交換できます。
- お誕生日の人がどんなプレゼントをもらえるか前もって知っていても、教えてはいけません。秘密だから教えられないとだけ言いましょう。このようなことを秘密にしておいても、うそをついたことにはなりません。

● 服装 ● ● ●

- パジャマを着たまま、家の外に出てはいけません。
- 外出しているときに下着を直してもかまわないのは、トイレの個室の中でだけです。トイレの個室のような1人になれる場所にいないかぎり、下着を手でひっぱって直してはいけません。また、人前で性器のある場所を直してもいけません。
- 靴をはく前に、まず靴ひもをほどきましょう。
- たとえ暑くても、人前で服を脱ぐのは適切なことではありません。
- 天候にふさわしい服を着ましょう。
- どんなに暑くても、あるいはジーンズのはき心地が悪くても、学校でジーンズを脱ぐのは適切なことではありません。
- 男の子がピンク色の下着をつけるのはカッコいいとは言えません。
- 服の下から下着の線が透けて見えるほど、ぴっちりとした服を着てはいけません。

●食事●

◆ 基本的なルール

- 食事やおやつの前には手を洗いましょう。

- 食べ物をかんでいるときは、いつも口を閉じていましょう。

- ナプキンはあごの下にかけるのではなく、ひざの上に置きます。

- ほかの人の食べる物を勝手に食べてはいけません。

- 自分のはしやフォークなどを使って食べましょう。ほかの人のお皿にのっているはしやフォークなどを手にとっていけません。

- 洟をかむときは、ナプキンでなくティッシュを使いましょう。

- テーブルの席で洟をかんではいけません。「失礼します」と言って席を立ち、トイレに行って洟をかみましょう。

- せきやくしゃみが出そうになったら、ティッシュで鼻や口をおおって、テーブルから顔を少し遠ざけます。せきやくしゃみをし終わったら、ティッシュをたたんで自分のポケットにしまい、「失礼しました」と言いましょう。

- 食べ終わったあとに、いすの背にもたれてお腹をさするのはよしましょう。

- 何でも食べるものに、ケチャップなどの調味料をかけるのはやめましょう。ほかの人は気持ちが悪くなって、次からはあなたのとなりに座りたがらないかもしれません。

- 食事をしているテーブルで、髪をとかしてはいけません。

- 食べ物はつねに口の中に入れておきます。たとえおいしくなくても、ちょっぴりかじってお皿の上に吐き出すようなことをしてはいけません。

- 食事中に、はでにゲップをするのは礼儀正しいことではありません。

- 何か飲みたいときは、自分のコップを使いましょう。ほかの人のコップから飲んではいけません。

◆ 友だちの家で食事をする

- 友だちの家で食事をするときは、食事の用意ができたと家の人が言うまで待ちま

しょう。キッチンまで入っていって夕食に何が出るのかのぞいたり、いつ料理ができるのか聞いたりしてはいけません。

- 別の食べ物が選べないときは、出されたものを食べましょう。出されたものが好きでないときは、「何も欲しくありません。それ、嫌いなんです」などと言わないで、「ほんの少しでけっこうです。あまりお腹がすいてないので」と言いましょう。

- 家の人がもっと食べるようすすめてくれても、お腹がいっぱいだったり、好きな料理でなかったりしたときは、「気持ちが悪くなりそう」などと言わないで、「いいえ、けっこうです」とだけ言いましょう。

- 「料理はいかがですか？」と聞かれたら、たとえ好きな味ではなくても、失礼なことは言わないようにしましょう。「おいしい料理をありがとうございます」とか「夕食に招待してくださって感謝しています」など、相手の気持ちを考えて答えましょう。

- 席を立つときのルールをあらかじめ知っておきましょう。大人が食べ終わって席を立つまで、子どもは席を立ってはいけない家庭もあります。また、食べ終わったら席を立ってもいいか、子どもから聞いてもよい家庭もあります。その家のルールはどのようなものか、大人にたずねてもかまいません。

◆ レストランで食事をする

- 外で食事をしているときは、「失礼します」とことわってからトイレに行きましょう。トイレの場所はどこか、お店の人に聞く必要があるかもしれません。

- 高級レストランに行くときはどんな服装がふさわしいか、あらかじめ知っておきましょう。高級レストランには、ジーンズをはいていってはいけません。

- となりのテーブルの人たちのことを話題にするのはよしましょう。何を食べたり飲んだりしているか、見た目がどんなふうか、あれこれ言ってはいけません。

- レストランでは静かな声で話しましょう。ただし、ひそひそ声で話す必要はありません。声のボリュームを下げて話すだけでいいのです。

- 口に食べ物を入れたまま、話してはいけません。

- 全員の料理がそろうまでは、食べはじめてはいけません。テーブルのみんなが食

べはじめたら、あなたも食べてかまいません。
- 食べ終わったら、同じテーブルの人たちが食べ終わるまで、しんぼう強く待ちましょう。
- 料理は少しずつ口に運び、ゆっくり食べましょう。
- 上品なレストランで食事をしているときは、「血」ということばが出てくる話や、気持ち悪い話、不愉快な話はしないようにしましょう。
- 店で料理を作っている人に向かって、いつ保健所が調理場を検査しにくるのか、などとたずねてはいけません。
- 料理を運んできた人に、髪がボサボサだ、などと言ってはいけません。
- 外で食事をするときは、ナプキンをひざにのせるかテーブルに置きましょう。
- 前菜は、たいていみんなで分け合うものです。前菜用のお皿にのっている料理を、全部ひとりで食べてしまわないこと。食べたい人全員に、かならず料理が行きわたるようにしましょう。

◆ バイキング方式のレストラン
- 料理が並んだカウンターに行くときは、毎回きれいなお皿を持っていきます。
- カウンターに並んだ料理を、手でさわっては絶対にいけません。
- カウンターに何か落としたときは、そのままにしておきましょう。
- 自分の席についてから、料理を食べはじめます。
- はしやフォークやスプーン、それから必要ならばナイフを使うのも忘れないこと。
- 顔や手をふくときは、かならずナプキンを使いましょう。とくに料理のカウンターに二度目に並ぶ前やレストランを出る前には、忘れずにふきましょう。

◆ ファーストフード店
- ファーストフード店では、席に案内されるのを待たないこと。
- 列に並んでから注文します。
- ファーストフード店での注文のしかたを覚えましょう。
- ファーストフード店ではふつう、自分でテーブルをふいて、自分でゴミを片づけ

なければなりません。
- テイクアウト（持ち帰り）する場合は、食べ物の入った容器をかたむけたりひっくり返したりして、中身をこぼさないよう気をつけます。

◆ そのほかのルール

- レストラン以外の場所でみんなと食事をしているとき、自分の食べ物や飲み物があまりそうなら、誰かに「どうぞ」とすすめてもかまいません。
- 食料品店で、店員に試食品として何か食べ物をすすめられたら、食べてもかまいません。ただし試食品をもらうなら、1つだけにしておきましょう。お金を払わずに、食べたいものを何でも味見してみることはできません。
- 大皿に盛られた料理を食べるときは、自分の分を少しだけとりましょう。あなたが全部食べてしまう前に、誰もが少なくとも1回は自分の分をとり分けられるようにしましょう。
- ミキサーを使って自分でシェイクを作るときは、ミキサーの中にスプーンなどの別の物が入っていないかを確かめましょう。ふたがしっかり閉まっているかも確認します。

● 友だち関係 ●

◆ 友だちを作る

- 友情を育むには、それなりの時間がかかります。同じクラスの子が一度あなたに親切にしてくれたからといって、それだけでその子があなたの親友であることにはなりません。
- 友だちになってもらうために、お金を払ったりすべきではありません。
- 一度も遊ぼうと誘ってこない子に、毎日あなたから遊ぼうと声をかけるのは、あまり良い考えではなさそうです。
- 誰かと遊びたいと思ったときに、その子が遊べないと答えても、無理強いしたり、しつこくせがんだりしてはいけません。
- 人の家の庭に、勝手に入って遊んではいけません。

- ただ人気者だからという理由だけで、その子が思いやりがあって、友だちにするのにふさわしい人物だとはかぎりません。
- 誰かと知り合いになって、自分の家に呼びたいと思うようになったら、初めのうちは映画やミニゴルフなど、何をするか決まっていることを計画しましょう。こうした遊びなら始まりと終わりの時間が決まっていて、話す時間はそれほど多くありません。
- 誰かを家に呼ぶときは、2人がしたいことを交替でするといいでしょう。たとえば、まず友だちがしたいことを2人でして、そのあと、あなたがしたいことを一緒にすればいいのです。

◆ 友情を育む

- 友だちは、おたがいの秘密や、好きなもの・嫌いなものを教え合います。友情を育むというのは、ただ誰かと道でばったり会って、話しかけることとは違います。
- 友だちは、おたがいに思いやりのあることばをかけ合います。「おまえデブだな」などといった意地悪なことは言いません。
- たまに友だちに腹を立てるのはかまいません。何に腹が立ったのか、相手にていねいに説明し、仲直りする努力をしましょう。ときには「意見の違いを認める」ことがあってもよいのです。
- うっかり間違ったことをしてしまっても、友だちならおたがいを許すものです。
- 友だちのお父さんやお母さんに初めて会うときは、友だちとのあいだで困っていることや、友だちと一緒に秘密でしたことを話してはいけません。
- 誰かの家におじゃまするときは、靴をけるようにして脱いだり、ソファに寝そべったり、冷蔵庫から勝手に食べ物をとってはいけません。
- 夕ごはんのときまで友だちが家にいてもいいかを、友だちのいる前では、お父さんやお母さんに聞かないようにします。親がダメだと言ったら、友だちも親も気まずい思いをするでしょう。
- 友だちの家に泊まる場合、いつもベッドに寝られるとはかぎらないし、寝る場所をひとり占めできないかもしれません。
- 誰かと一緒に泊まるときは、自分の家の習慣ではなく、友だちの習慣に合わせるこ

とが必要です。どうすればいいかわからないときは、友だちに聞いてみましょう。

●ライフスキル● ● ●

◆地域社会で

- 店で買物をしたときに、正しいおつりを自分で計算して、店員からきちんと受けとる方法を覚えておくことが大切です。

- レストランや店で受けとったおつりが足りないときは、お金を財布にしまったり店を出たりする前に、ウエーターやレジの人におつりが間違っていることを落ち着いて伝えましょう。どんな種類のお金をわたしたか（たとえば1000円札2枚と100円玉2個と50円玉1個）、おつりをいくらもらえるはずかを伝えます。おつりが足りないのはたいていの場合、お店の人のうっかりミスによるものです。

- エレベーターに乗るときは、いつもドアのほうを向いて立ちましょう。エレベーターの奥の壁や横の壁に向かって立ったり、ほかの人をじろじろ見たりしないようにしましょう。

- 映画館の中では、ひそひそ声で話しましょう。

- 映画館の中で席が混んでいないときは、知らない人と間隔を空けて座りましょう。

- 映画館の中で、「火事」ということばを口にしてはいけません。

- 演劇を観たあとには拍手をしますが、映画が終わってもふつうは拍手をしません。

- 「テレビや映画の登場人物のすることを、現実の世界でまねしてはならない」というのはごく当たり前のルールです。

- 外では自分より年上の人のために、ドアを開けて押さえておきましょう。誰かがすぐうしろに来ているときも、ドアを手でささえて開けておきます。

- 野球の試合で誰かがけがをしたときに観衆が手をたたくのは、応援しているサインで、ほめたたえているというわけではありません。

- スポーツの試合会場では、観客が試合の間じゅう立ち上がって声援を送るのはふつうのことです。ただし、みんながそうしていないのに、試合のあいだずっと立っているのはやめましょう。

暗黙のルールのリスト

67

- 「ガレージセール」と書かれた住所入りの貼り紙を見かけても、ガレージ（駐車場）を売っているわけではありません。必要のなくなった物を売っているのです。
- あなたがデパートに来ていて、店員に聞きたいことが1つだけあるなら、客の列に割り込んで、誰かが商品を買っているときにたずねてもかまいません。レジ係のわきに立って待っていて、レジ係がレジを打っているか、客がお金を払うのを待っているときに聞いてみましょう。くれぐれも会話のじゃまはしないように。
- 店で靴を試しにはいてみるときは、靴下をはくか、店員から靴下を借りましょう。
- 道ばたに立っている人から「お金をください」と言われても、あげる必要はありません。自分が今いくら持っているかを、その人に教える必要もありません。たとえその人がお金に困っていそうに見えても、あなたは一銭もあげなくてかまわないのです。それでもお金をあげたいと思うなら、あなたの持っているお金を全部あげたりしてはいけません。「あげられるお金を持っていないんです」とか「あなたにあげられるのは、これで全部です」と言えばいいでしょう。（路上強盗なら話は違います。路上強盗にあった場合、あなたのお金や持ち物を欲しがっているのは犯罪者です。けがをさせられないためにも、持っているお金はぜんぶ強盗にわたすに越したことはありません）。
- 病院の待合室に座っているときは、待っている人に「なぜ、病院に来ているのですか」とたずねたり、自分がここにいる理由をくわしく説明したりしないこと。
- ピアノのコンサートや学芸会などの会場で、「これ、いつまで続くの？」とか「あの子、ちっともうまく弾けないね！」とか、舞台に上がっている人がいやな気分になるようなことを言わないようにしましょう。
- 誰かを表彰するための式典に出席するときは、みんなが大声を出していないかぎり、あなたも叫んではいけません。まわりの人が何をしているか──たとえば、表彰される人のほうを見て、静かに耳を傾けるなど──を観察して、まねしましょう。
- 店の中で何かをなくして見つからないときは、落とし物を取り扱っているところはどこか、たずねましょう。たいていは店の「お客様コーナー」にあるはずです。
- 公共の場では、できるだけ行儀よくふるまいましょう。

◆ お葬式などの宗教儀式に出席する

- 礼拝やお葬式ではひそひそ声で話すか、声のボリュームを下げましょう。
- 礼拝の最中に、前のほうの離れた席に座っている友だちに向かって「やあ」と叫んではいけません。
- お葬式の最中に、大声で笑ったり、亡くなった人やそのほかのことで冗談を言ったりしてはいけません。
- 礼拝する場所に行くときは、地味で控えめな服装をしていきます。

◆ 自動車の手入れと運転

- 「路肩通行禁止」という標識は、道路の路肩（脇）を使用できないという意味ですが、車を停める必要があったり、車が故障したりした場合は、路肩を通行し、スピードを落として車を停めることができます。
- 車を買うときは、広告に掲載されている価格と実際に車に払うお金が同じことはめったにありません。広告の値段よりも安くするよう販売業者と交渉しましょう。
- 熱湯はたしかに氷を解かしますが、フロントガラスに氷が張っているときには、絶対に熱湯をかけてはいけません。ガラスにひびが入るか、こなごなに割れるおそれがあります。
- 車のシートを乗り越えて、反対側の席に移ってはいけません。
- 警察官に車を止められたときは、絶対に口答えをしてはいけません。たとえ自分が正しいと思っていても、逆らわないようにしましょう。
- 車を運転中に、誰かが車線変更して前に出てきても、怒らずにがまんしましょう。クラクションを軽くならすくらいは、たぶんかまいません。
- 道路の中央に引かれたラインの色や、点線や実線についてのルールを覚えておきましょう。
- 間違った方向の車線に入ってUターンしなければならない場合、交通量があるときは正しい車線に入り込もうとせずに、ぐるりとひとまわりしてきましょう。
- 車を乗り降りするときは、座席に足をのせないようにしましょう。
- 路上で止まるときは、店や会社の出入口をふさがないように気をつけましょう。

暗黙のルールのリスト

あなたが走っている道路をわたりたくて待っている人がいるときは、その人を通してあげるのが親切です。

◆ 電話で話す

- 電話で話している人のそばまで行って、話しかけてはいけません。
- 電話で伝言を聞くときは、とくに仕事の電話の場合、相手の名前や電話番号、電話のあった時間や用件を書き留めておくことが大切です。言ったことをくり返してもらうか、もっとゆっくり話してもらうよう相手にたのんでもかまいません。
- 電話に出たら「もしもし」と言い、電話を切る前には「さようなら」とか「失礼します」と言いましょう。
- 朝早くや夜遅くに電話をかけてはいけません。
- いたずら電話をかけるのはいけないことです。

◆ いたずらについて

- 誰かがけがをしたり、心を傷つけられたりしたら、いたずらではすみません。あなたが誰かを傷つけてしまったら、それは卑劣な行為です。

◆ 自分の身体のこと

- 鼻水がどんなふうに見えて、のみ込むとどんな感じがしたか、ティッシュにどんなふうについたかなどを話してはいけません。
- 鼻をかむときは静かにかむこと。部屋の真ん中に立って、大きな音を立ててはでにかむのはよしましょう。
- 手をあててくしゃみをしたあと、その手で握手してはいけません。まず、手を洗いましょう。
- 自分の身だしなみに注意をはらいましょう（鼻水がたれてないか、服がぬれていないかなど）。

◆ 友だちの家に行く

- 誰かの家を訪ねたり、家の前を通り過ぎたりするときに、窓やドアのすきまから中をのぞいてはいけません。
- ドアをノックしたり、呼び鈴を鳴らしたりしても誰も出てこないときは、いった

ん帰って、あとで出直しましょう。ドアが開いていたり、鍵がかかっていなかったりしても、勝手に家の中に入ってはいけません。

◆ 外を歩く

- 誰かと一緒に歩くときは、その人のとなりを歩きましょう。先にどんどん歩いていって、連れの人を置いていかないこと。

- 両手をわきにおろして、歩きましょう。

- ときには急いで歩かなければならないときもありますし、のんびり歩いてかまわないときもあります。

- 誰かを追い越さなければならないときは、「失礼します」と声をかけましょう。自分が通るために、人をわきへ押しやってはいけません。

● 学校 ● ● ●

◆ トイレについて

- 授業中、トイレに行くときには、先生に許可を求めるか、あらかじめ許可をもらっておきましょう。

- トイレに行きたくなったら、教室じゅうに聞こえるような声で知らせたりせずに、先生か大人にそっと教えましょう。

- 教室に戻ってから、トイレの話を大声で話したり、くわしく説明したりしてはいけません。

- 誰かがズボンのチャックを閉め忘れていたら、大声で知らせたりせずに、小さな声でそっと教えてあげましょう。

- 衛生用品が必要なときは、保健の先生に聞けばもらえるはずです。

◆ 更衣室のルール

- 体育の授業の前と後に、鏡の前で髪を整え、自分の身だしなみをチェックしましょう。

- シャワーを浴びたり、服を着替えたりしている人がいても、じろじろ見たり、そ

◆学校

の人の体についてあれこれ言ったりしてはいけません。

- 廊下ではなく、更衣室で体操着に着替えます。

- たとえ友だちでも、他人のロッカーの中の物を勝手に使ってはいけません。

- 集団でいるときにシャワーを使う場合、誰かと目をずっと合わせたり、誰かがシャワーを浴びるのをじろじろ見たりするのは適切なことではありません。

- トイレやシャワー室で、誰かにさわるのは適切なことではありません。

- いつシャワーを使えばいいのかわからないときは、みんなを見てまねしましょう。

- どこで服を着替えればいいのか、また、着替えるときに裸になってもかまわないのか、確認しておきましょう。

◆ 休み時間と体育の授業

- 休み時間や体育の授業で行うゲームのルールを覚えましょう。必要なら、休み時間に校庭を見まわる先生や体育の先生にたのんで、ルールを説明してもらいましょう。

- 体育館にいるときや休み時間に、あなたが誰かにボールを投げるときは、まずその子の名前を大声で呼んで、その子がこちらを見て両手を広げるまで待ってからボールを投げましょう。

- 鬼ごっこをするときは、犬をなでるときのように軽く相手にさわりましょう。

- 休み時間にゲームで負けても気にすることはありません。ゲームをするのは新しいスキル（技術）を学習したり、みんなと楽しく遊んだりするためで、勝つことだけが目的ではないのですから。

- 校庭にいるとき、生徒は遊具を交替で使わなければなりません。

- チームを組んでゲームをするときは、みんな自分に順番が回ってきてほしいと思っていることを理解しましょう。相手の気持ちを傷つけない前向きなことばをかけたり、ハイタッチをしたり、同じチームにとどまってチームメートをはげましましょう。

- かくれんぼをするときは、目を閉じて10数えてから、みんなを探しに行きましょう。

- チャイムが鳴ったら、ふつうは休み時間が終わって教室に戻る時間です。
- 校庭では大声をあげてもかまいません。校舎に戻る時間になったら、静かにするときです。

◆ ロッカーや廊下

- 混雑している廊下では、人がぶつかってくることもありますが、たいていはわざとではありません。
- 階段を上り下りするときは右側に寄って、前の人を押さないようにしましょう。
- 自分のきょうだいが同じ学校に通っている場合、きょうだいが友だちと一緒にいるときに、きょうだいに向かってどなったり怒ったりしてはいけません。きょうだいにきまり悪い思いをさせてしまいます。
- あなたが中を見ていないリュックやかばんなどを、誰かほかの人（友だちやよく知らない生徒や大人）があなたのロッカーに入れるのを許してはいけません。かばんの中を見る前に、まず相手に許可を求めましょう。
- ときどき男の子と女の子がロッカーのわきに立って、ぴったりくっついていることがあります。そんなときは何か言ったり、じろじろ見たりしないで、知らんぷりしているのが一番です。

◆ 食堂

- 食堂では時間をむだにしないように、さっさと食べはじめましょう。
- 食堂では、声のボリュームを下げて話しましょう。
- 食堂の奥にいる友だちに、大声で呼びかけてはいけません。
- 食堂で、食べ物を投げては絶対にいけません。ほかの生徒がしていてもまねしないこと。

◆ 避難訓練

- 避難訓練が始まったら、クラスのみんなと一緒に一番近い出口に向かい、そこから外に出ましょう。トイレに行く時間でも、トイレに行ってもいいか先生にたずねる時間でもありません。
- くれぐれも静かにすること。話したり、質問したりする時間ではありません。

- 校舎を出るときに、警報音がうるさいなら耳をふさいでもかまいません。

◆ 課題や宿題

- 学校で課題を終えることができなかったら、家に持ち帰って終わらせましょう。
- 先生が「全力を尽くしなさい」と言うときは、「あなたは精一杯がんばらなければならない」という意味です。課題を出せば、それだけで最高点がもらえるということではありません。
- 課題を終えることができた場合でも、できるだけていねいに仕上げれば、たぶんもっと点数がもらえるでしょう。
- 授業中、いつ先生が課題に取り組むのを許してくれるかを知っておきましょう。先生に聞いてみればわかります。
- 授業中のグループ課題では、グループの一人ひとりに課題に取り組む責任があります。
- あなたの課題に対する先生の評価が間違っていると思ったら、そのことについて先生と話ができるか、礼儀正しくたずねてみましょう。
- ほかの生徒よりも課題を早く終えたときは、先生が終わりの時間を告げるまで、静かに自分の席に座っていましょう。
- ほかの生徒の課題の出来について、あれこれ言うのは適切なことではありません。ただしクラス全体で、どうすれば自分たちの課題がもっと良いものになるか話し合っているときならかまいません。
- テストや課題の成績が低いときは、先生のルールがどういうものかを見極めましょう。かんしゃくを起こしてはいけません。試験の成績が悪いなら、たいていは別の方法で勉強する必要があるのです。親や先生に相談すれば、助けてもらえるでしょう。
- 課題をやりたくなくても、その気持ちは思うだけにしておきましょう。どっちにしても課題はやらなければならないのですから。口に出して言うと、困ったことになるかもしれません。
- 課題をどこに提出したらいいかわからないときは、ほかの生徒がどうしているかを観察するか、先生にたずねましょう。

◆ 図書室

- 図書室ではひそひそ声で話すか、声のボリュームを下げて話しましょう。
- 読みたいと思った本があれば、図書室から持ち出す前に、貸し出し手続きをすませましょう。
- 借りたい本が図書室にないときは、図書室の先生にたのんで、貸し出しの予約をしてもらいましょう。
- メールをチェックしている人のうしろに立って、肩越しに画面をのぞかないようにしましょう。

◆ 先生と話すときのルール

- 先生の言うことが間違っていると思ったら、自分の考えをていねいに話して、先生が答えてくれるのを待ちましょう。それでもまだ先生の答えが間違っていると思っても、そのときはあきらめます。
- 先生と話すときは、感じのよい声で話しましょう。先生はあなたにもっと優しく対応してくれるでしょう。
- 先生と話すときは、友だちと話すときとは違う話し方をしましょう。先生と話すときには、いつも礼儀正しいことばを使います。
- 先生に向かって、「先生は年寄りだ」とか「今日はずいぶん疲れているみたい」などといった失礼なことは言わないようにしましょう。
- 先生だからといって、どんな質問にも答えられるとはかぎりません。先生だって、ときには調べたり、誰かに聞いたりしてもいいのです。
- 先生は、ことばではないコミュニケーション方法で生徒にメッセージを送ります。ときどき先生は生徒をじっと見つめたり、わきに立ったり、みんなに話が伝わるように声を大きくしたり小さくしたりします。先生が何を伝えようとしているのかわからないときは、礼儀正しく聞いてみましょう。
- 先生が産休を終えて学校に戻ったときは、お祝いのことばをかけましょう。「先生、あいかわらず太ってるね」などと、たとえそう見えても言ってはいけません。
- 校長先生と話すときは、「校長先生も、もうちょっと人の話をよく聞けば、生徒にもっと好かれるのに」などと忠告するのはやめておきましょう。

暗黙のルールのリスト

- 先生の悪口を面と向かって、または、ほかの大人が近くにいるときに言ってはいけません。

◆ **教室のルール**

- ペンやマーカーを使い終わったら、キャップを元通りにはめましょう。
- 自分の持ち物を使いましょう。何かを借(か)りなければならないときは、貸(か)してとたのむのを忘(わす)れないこと。相手に聞かずに勝手にとったりしては絶対(ぜったい)にいけません。
- 教室では声を「室内用」のボリュームに調節(ちょうせつ)しましょう。
- 授業(じゅぎょう)中に先生に気づいてもらうためには、手をあげましょう。
- 手をあげるのは、先生が何かを説明(せつめい)している最中(さいちゅう)ではなく、話し終わったときにします。
- 間違(まちが)えたって大丈夫(だいじょうぶ)。消しゴムか修正液(しゅうせいえき)を使いましょう。
- 教室で誰(だれ)かがあなたに迷惑(めいわく)なことやいやな気分にさせるようなことをしたら、やめてくれるようにたのみ、あなたがどうしていやなのかを説明(せつめい)しましょう。それでもやめないときは、大人に言いましょう。
- 手でいつも何かをさわったり、足をバタバタさせたりしないこと。
- 新しい活動や方法(ほうほう)はすすんでやってみましょう。
- 宣誓(せんせい)したり国歌を歌(うた)ったりするときは、おしゃべりしたり笑(わら)ったりするのはやめましょう。国旗(こっき)に注意を向けておくには、旗(はた)の中の一点を選(えら)んで、宣誓したり国歌を歌ったりしているあいだ、じっと見つめていましょう。
- 教室の中では歩きましょう。校庭に出たら、走りたいと思ったときに走ってかまいません。
- 課題(かだい)に取り組んでいるときは、自分の教科書かノートだけを見ましょう。
- 黙読(もくどく)中は、声に出すのではなく、心の中で読みましょう。
- 授業(じゅぎょう)には間に合うように行きましょう。
- あなたが聞いているということを先生にわかってもらうために、話している先生の目を見ましょう。目を合わすことができなければ、先生の顔のほうに目を向けましょう。

- 生徒は校内の決まった場所にしか入ってはいけません。生徒はどの場所にならば入ってもいいのか覚えておきましょう。
- 学校で質問をするのは、1教科につき5回くらいまでにしましょう。質問が多すぎると、ほかの生徒や先生の迷惑になります。
- 自分のグループが決まったら、先生が変えるまで、そのグループと一緒に行動しましょう。
- 学校で絵を描くときには、暴力的な場面を描いてはいけません。
- 学校で、銃やナイフについて話してはいけません。
- 中学や高校では、先生によってルールが違うことがあります。それぞれの先生のルールを知ることが大切です。ルールに納得しない場合でも、ルールが不公平だと言ったところでしかたがありません。
- 先生が授業をしているあいだは聞くべきときです。あなたが興味を持っている話題については、あとで話をするチャンスがあるでしょう。
- 先生以外の人が来て話をしてくれるときは、おしゃべりしたり質問をしたりして話のじゃまをしないようにしましょう。質問は話が終わってからにします。
- 先生は次のことに移る前には、みんなに知らせます。自分の先生がどんな言い方をするのかを知っておいて、次の教科や活動の準備ができるようにしましょう。「5分後に移動する」と言う先生がいるかもしれませんが、それは2分後だったり、10分後だったりすることもあります。正確な時間はわかりませんが、どっちにしても、もうすぐ移動するのだということはわかるはずです。
- 教室で友だちにメモを回すときは、先生に見つからないように慎重に行いましょう。メモを回すと困ったことになるかもしれません。それがいやなら、メモを回さないようにしましょう。
- 学校で糊をなめているところを誰かに見られたら、からかわれるでしょうね。
- 学校では、家族のことをあれこれ人に教えないようにしましょう。
- ほかの子どもたちが教科書や机に何か書いていても、あなたは紙に書きましょう。そうすれば困ったことになりません。
- 列に並ぶときは、自分の前に並んでいる人とのあいだにかならず1人か2人入

れるくらいのスペースをとりましょう。

◆ 行動について

- 先生がほかの人におしゃべりをやめるように言ったら、あなたもおしゃべりをやめたほうがいいでしょう。先生は、おしゃべりはいけないと言ったのですから。
- いやなことが1回あったからといって、その日一日がまるまる台無しになるわけではありません。
- 誰かが注意されているときは、先生に何かを聞いたり見せたりしないこと。
- 先生が腕を組んで咳払いをするときは、クラスに静かにしてもらいたいか、顔を上げて先生の言うことを聞く準備をしてもらいたいかのどちらかです。
- あなたのしていることに対して、先生が注意したのにあなたがやめなかったとしたら、しかられてしまうでしょう。注意を受けてすぐにやめれば、たぶん大丈夫です。

◆ いじめや告げ口

- どんなときなら告げ口をしてもいいか、知っておきましょう。
- 誰かにからかわれたときは、怒ったりたたいたりしてはいけません。助けになってくれる大人に知らせましょう。
- ほかの生徒が誰かとけんかしたり、誰かをいじめていたりしたときは、先生に知らせましょう。仲良くふざけ合っているか、けんかのふりをしているだけなら、先生には知らせません。
- 生徒たちがどんな悪いことをしているかをいちいち告げ口してはいけません。生徒をつかまえてしかるのは先生の仕事なのですから。
- 同じクラスの子から、困ったことになりそうな何かをするように言われたら、ちょっと待って考えましょう。本当の友だちだったら、そんなことをしろとは言わないものです。
- ほかの生徒をいじめてはいけません。
- あなたが誰かにいじめられたら、先生に知らせましょう。

● 社会的場面 ● ● ●

◆ 言ってはいけないこと、してはいけないこと

- たとえ本当のことでも、誰かに口が臭いと言ってはいけません。
- 誰かの服装や髪型をけなすようなことを言ってはいけません。
- 「クサイ！ 誰かおならしたな！」と叫んではいけません。
- 教室や公の場で、歯をそうじしたり、耳あかや鼻くそをほじったりしてはいけません。
- 教室でおしりがかゆくなったり、下着がずれてきたりしても、おしりをかいたりさわったりしてはいけません。そういうことはトイレでしましょう。
- 授業中にかさぶたをはがしたり、かさぶたをいじって遊んだりしてはいけません。
- よく知らない人と一緒にいるときに、おならをしたり、鼻をほじったり、股をかいたりしないようにしましょう。
- 新しく子犬を飼いはじめた人に、「あなたの飼っている犬はどう猛な種類の犬だ」と言ってはいけません。
- 近所の人に、「あなたの家は汚すぎる」と言ってはいけません。
- 映画やコンサートのチケットを買うときは、列に割り込んではいけません。

◆ 会話をする

- 話している人のほうに体を向けて、相手の顔を見ます。
- 誰かと話しているあいだは、その人と目を合わせます。
- 話しはじめる前に、その人の名前を呼んで、注意をひいておきます。
- 自分の興味のあることだけでなく、ほかのことについても話しましょう。
- 1人で話すのではなく、交互に話しましょう。
- 誰と一緒にいるかによって、何を話したらいいかが変わります。たとえば友だちとなら、発売されたばかりのCDについて話してもいいでしょう。相手が大人なら、たぶんそういう話はしないでしょう。

暗黙のルールのリスト

79

◆社会的場面

- 話しているときに、相手がいつもあなたに賛成してくれるとはかぎらないし、あなたも相手に賛成しないかもしれません。それでかまわないのです。
- 相手が話していることに興味が持てないときは、ほほえんだり、うなずいたり、その話題について質問をしたりして、興味がないことをなるべく相手に気づかれないようにしましょう。
- 会話の中で、自分が何かをするのが得意だとひっきりなしに言うのはよしましょう。そうでないと、誰もあなたのそばにこなくなります。
- 本当にあなたに何か得意なことがあっても、そのことを自慢してはいけません。ほかの人が自分の得意なことについて話していたら、あなたも自分の才能をみんなに教えてかまいません。
- 答えを知りたいと思うことがあっても、まわりの人の気持ちのほうを大切に考えましょう。みんなはあなたの質問にとまどってしまうかもしれません。
- 自分がどんなことばを話しているか、よく考えてみてください。親切で、感じのよいことばですか？　使う必要のあることばですか？
- 誰かが話している途中でさえぎるのは失礼なことです。
- 誰かが自分のことを話すたびに、あなたも自分のことについて語る必要はありません。そんなことをすれば、たいていの人はあなたのことを「知ったかぶり」だと思って、あなたに話をするのをやめてしまうでしょう。
- 話をする相手とは、腕の長さくらいの距離をあけておきましょう。
- 誰かがあなたに個人的なことを聞いてきたら、あまり答えたくないとことわってもかまいません。
- 人は話している最中に、たまに休んでひと呼吸します。話を続ける前に、ちょっと間をおいたりもするかもしれません。また、少し時間をかけて考えをまとめたり、自分の言ったことにあなたがどう反応するのか確かめたりすることもあります。だから間があいても、話が終わったとはかぎりません。話が本当に終わったのかよくわからないときは、5～10秒ほど待ってから話しはじめましょう。

◆異性との関係

- 誰かとキスをするときは、口からガムを出しましょう。

- 2人の人間が体をくっつけて立ち、とても親しげな雰囲気で話しているときは、個人的な話をしているときです。そんなときは勝手に話に入ってはいけません。2人があなたの本当に親しい友だちなら、たぶん話に入ってもいいでしょう。どうすればいいかわからないときは、聞いてみるのが一番です。

- 異性のクラスメートがあなたに親切にしてくれるからといって、その子があなたのボーイフレンドやガールフレンドだということにはなりません。クラスメートや友だちにそう言いふらしたりすると、将来、その子とつき合うのはかなり難しくなるでしょう。

- 学校の廊下や近所で自分の好きな子を見かけたら、いきなり近づいていって、「きみってかわいいね！」と叫んだりせずに、相手に自分の気持ちを知らせる別の方法を探しましょう。そんなことを言われたら、相手は困ってしまいます。

◆ 社交のルール

- いつも時間を守りましょう。

- 部屋に入るときは、ノックをしてから入りましょう。ただし、教室に入るときや、自分の家の中（トイレを除く）ではノックは要りません。

- 小さな町ならば、通り過ぎる人みんなに「こんにちは」と言ってもかまいませんが、大都市だと、トラブルに巻き込まれるかもしれません。

- 人はその場の状況によって、行動を変えたりするものです。誰と一緒にいるかによって、あなたに対していつもと違う態度をとることもあります。

- 否定的なことを言うのはやめておきましょう。また、できるかぎり礼儀正しくするよう心がけましょう。

- 誰かが泣いているか怒っているときは、笑わないようにしましょう。あなたが笑うと、その人はさらに気分を悪くしてしまいます。

- 誰かが「ぼくの新しい○○をどう思う？」と聞いてきたら、たいていは、あなたもそれが気に入ったと言ってほしいのです。たとえ気に入らなくても、何か良いところを見つけて伝えてあげましょう。

- 誰かと別れるときや、その場を去るときは、かならず「さようなら」と言いましょう。

社会的場面

- ほかの人をたたいてはいけません。
- 誰かがあなたの前に割り込んできたら、その人にはさわらずに、どいてくれるようていねいにたのみましょう。
- ひとりでいるときに悪いことばを使うのはたぶんかまいませんが、人前で、とくに大人がそばにいるときに使うのは適切ではありません。
- とても熱心に話している人に、そっけない対応をしていると、その人はあなたに話すのをやめてしまうかもしれません。
- 誰かが間違った文法で話していても、いちいち間違っていると指摘しないようにしましょう。
- 会ったばかりの人に、聞いてはいけないことがあります（体重、年齢、収入、宗教）。
- あなたの知らない人がガムを持っているのを見かけても、その人のところに行って「ガムを1枚ください」とたのんではいけません。
- 多くのことばには別の意味があります。たとえば、「キー（鍵）」ということばが、その例です。「キー」とはおもに金属の鍵のことを言いますが、ときにはプラスチック製のクレジットカードのようなものを指すこともあります。ホテルの部屋などで「キーを使ってください」と言われたときは、このことを思い出してください。
- 会ったばかりの人の名前を忘れてしまったときは、「すみません、お名前を忘れてしまいました」とていねいに言いましょう。その人は、たいてい自分の名前を教えてくれるはずです。
- 人は相手の気持ちを傷つけないように、事実とちょっと違うことを言う場合もあります。たとえば誰かから、自分が今着ているシャツについてどう思うかと聞かれたら、たとえ気に入らなくても、「そのシャツいいね」とか「あなたのシャツの色、すごく好き」と答えておけばいいでしょう。
- 空いている席を探すときは、その席に座る予定の人がいないことを確かめましょう。確認するための1つの方法は、席をとっておくために誰かがいすの上やその近くに何か置いていないかチェックすることです。

◆ ティーンエージャーのための社交のルール

- あなたが男の子なら、女の子のバンドや歌手がカッコよくても、まねをしたらみんなに変に思われてしまうでしょう。
- たいていの生徒は、学校に毎日違う服を着ていきます〔訳注：アメリカの多くの公立学校では制服はありません〕。
- 廊下を歩くときに、大声で歌を歌うのは適切なことではありません。
- どんな音楽がカッコいいのかチェックしましょう。ティーンエージャーは、オペラやクラシックをカッコいいとはあまり言いません。もちろんオペラやクラシックを本当に好きな子どももいますが、自分からはあまり話題にしないでしょう。
- 好きな異性がいても、たいていは、ちっとも好きじゃないふりをします。
- 中学生にもなると、友だちがいるところで親に抱きついたりキスしたりするのはカッコ悪いものです。
- たとえ自分が正しいとわかっていても、親に口答えすれば、黙っているときより面倒なことになるかもしれません。
- 誰かの顔に「変なブツブツ」があるのを指摘したり、ニキビなのか聞いたりしないこと。
- 2人が同じ物を持っていることだってあります（CD、シャツ、ズボンなど）。
- 誰かの髪がきれいだと思っても、さわろうとしてはいけません。

◆ 冗談を言う

- 誰かが教室で言ったばかりの冗談を、あなたがそのままくり返して言うと、みんなはその冗談ではなく、あなたのことを笑うでしょう。
- 友だちに言う冗談は、ふつうは大人に言う冗談とは違います。
- あなたが男の子なら、性器などについての不適切な冗談を、女の子たちに言ってはいけません。
- あなたが何かおもしろいことをしても、おもしろがられるのはたいてい一度きりです。何度もくり返すと、まぬけに見えてしまうでしょう。
- あなたは下品な冗談を聞いて、おもしろがったことがあるかもしれません。下品

な冗談とは、たいてい性にまつわるものです。このような冗談は、自分の胸にしまっておくのが一番です。とくに異性に下品な冗談を言ってはいけません。また、宗教や政治についての冗談を言ったり、自分の意見を述べたりするのもやめておきます。

- 誰かをからかって笑ったりする人がいます。その人がおもしろいから笑っているのとは違います。からかわれている人の心を傷つけてしまうので、このようなことをしてはいけません。

● プールでのルール ● ● ●

◆ 水着を買う

- 水着を買う前に試着するときは、かならず下着を身につけていましょう。
- 白い水着は絶対に買わないようにしましょう。水着がぬれると、肌が透けてしまいます。
- 水着は、かならず自分の体型やサイズに合ったデザインのものにします。よくわからないときは、誰かに聞きましょう。

◆ プールで

- 家やプールの更衣室で水着に着替えましょう。
- 日光を浴びるときは、いつも日焼け止めをつけておきましょう。ただし、プールに来ている人が全員、日焼け止めをつけたいとは思っていないかもしれません。日焼け止めをつけるよう、ほかの人に無理強いはしないこと。
- プールサイドでは、ほかの人の身体や水着について、大声であれこれ言うのはよしましょう。
- プールではみんなが泳ぐとはかぎりません。日光を浴びて日焼けしたいだけの人もいるのです。
- 誰かから偶然に水をかけられても、気にしないようにしましょう。水がかかるのがいやならば、水の近くや、水をはねちらかしている人から離れましょう。
- プールの中に入っているときにトイレに行きたくなったら、プールから出て、ト

イレに行きましょう。屋外のシャワーやプールの中で用を足してはいけません。
- 女性なら、生理中のときはタンポンをつけないとプールに入ってはいけません。どうして泳がないのかと聞かれたら、泳ぎたい気分じゃないからと答えましょう。
- 泳いだためにのどがかわいても、プールの水を飲んではいけません。水飲み場を探すか、更衣室の洗面台の水を飲むか（「この水は飲み水ではありません」という表示があるときは飲まないこと）、売店で水かジュースを買ってきましょう。

●生きていくためのルール● ● ●

- 敬意をもって、まわりの人に接しましょう。
- 自分の行動に責任を持ちましょう。
- ちょっと待って、まずは落ち着いて。
- どんな理由があっても、法律をやぶるのは決して良い考えではありません。
- けがをしたり、どうしていいかわからなくなったりしたら、大人に助けを求めましょう。
- 自分の物を大切にするのと同じように、ほかの人の物も大切にしましょう。
- 怒りをコントロールしましょう。
- コンセントから電気コードを抜くときは、プラグ（差し込み）を持って、ゆっくり引っぱりましょうね。

● 比喩表現と慣用句 ● ● ●

　ことばを字義通りに解釈しがちな、社会性-認知に困難のある人が理解しづらい慣用句や比喩的な言い回しの例を、ほんの少しですが以下に紹介します。

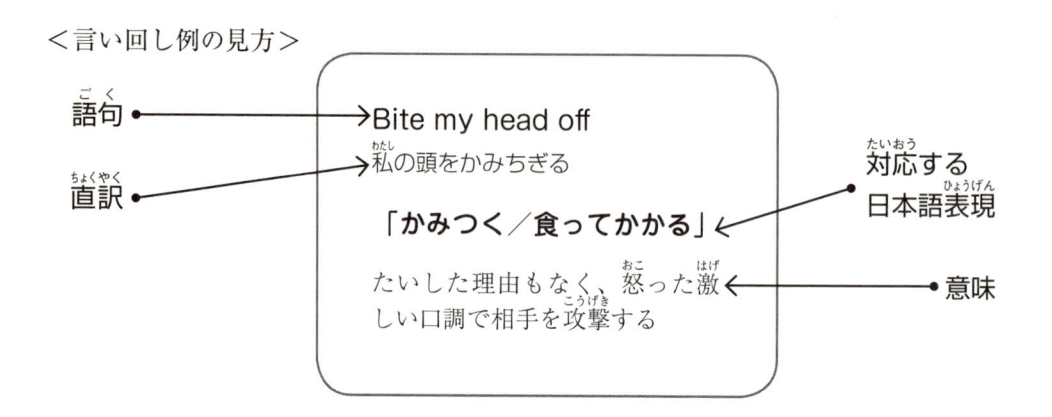

＜言い回し例の見方＞

語句 ●────────→ Bite my head off
直訳 ●────────→ 私の頭をかみちぎる

「かみつく／食ってかかる」 ←────● 対応する日本語表現

たいした理由もなく、怒った激しい口調で相手を攻撃する ←────● 意味

Bite the bullet
弾丸をかむ

「歯を食いしばる」

不愉快なことや困難なことを無理してやる、または困難な状況で勇敢にふるまう

Buckle down and get busy
（ベルトの）バックルを締めて仕事にとりかかる

「本腰を入れる」

本気で仕事に取りかかる

Bull in a china closet
食器棚に飛び込んで暴れる雄牛

「無骨者」

ひどく不注意に動いたりふるまったりして他人に迷惑をかける人

Can't make a silk purse out of sow's ear
豚の耳で絹の財布は作れない

「瓜のつるに茄子はならぬ」

粗悪な材料で立派なものは作れない

◆比喩表現と慣用句

Curiosity killed the cat
好奇心は（九生ある）猫をも殺す

「好奇心は身の毒」

あまり質問ばかりしないよう注意するときに使う表現

Down in the dumps
ゴミ捨て場に落っこちる

「気を落とす」

元気をなくす

Driving me crazy
私をおかしくさせる

「頭に来る」

何かのせいで、怒ったりイライラさせられる

Feeling blue
青い気分

「ブルーな気分」

ゆううつな気分

Get it off of your chest
胸からそれを取りはずす

「胸の内を明かす」

長い間悩んでいたり、罪の意識を持っていたりしたことを誰かに打ち明ける

Go fly a kite
凧を揚げてこい

「あっちへ行け」

迷惑な人に立ち去るよう促すときに使う表現

Have eyes in the back of your head
頭のうしろに目がついている

「背中に目がついている」
「地獄耳」

まわりで起きていることを何でも知っている

Just chill!
とにかく冷やせ！

「頭を冷やせ！」

落ち着いて、リラックスして

◆比喩表現と慣用句

Knock it off
それをたたき落とせ
「いい加減にしろ」
迷惑な行為をやめるよう促すときに使う表現

Mad as a hornet
スズメバチのように怒って
「かんかんに怒って」
ものすごく怒って

Make a mountain out of a molehill
モグラ塚から山を作る
「針小棒大に言う」
ささいな事柄を重大な問題のようにおおげさに言い立てる

Monkey see, monkey do
猿は見て、そのとおりのことをする
「猿まね」
誰かをそっくりにまねること

Open mouth, insert foot
口を開けて、足を突っ込む
「口を滑らす」
自分や誰かを困らせたり動揺させたりすることをうっかり口に出す

Out in left field
レフト側に出て
「トンチンカンで」
見当がつかない／とても風変わりで

Over the hill
丘を越えた
「峠を越えた」
何かをするときに、最も盛んな時期や大変な状態を過ぎて、落ち着きはじめた

Pulling my leg
足を引っぱる
「一杯食わせる」
真実でないことを、ふざけて誰かに信じ込ませようとする

Pulling the wool over my eyes
（かつらの）毛糸が両目にかかるよう引っぱる

「目をごまかす」

相手をだまして何かを発見させないようにする

Put a lid on it！
それにふたをしろ！

「口にチャックしろ！」

静かにしろ／黙れ

Put on your thinking cap
考えるための帽子をかぶる

「腰をすえて考える」

何かについて真剣に考える

Quiet as a mouse
ハツカネズミのようにおとなしい

「借りてきた猫のようにおとなしい」

とても静かな

Quit horsing around
馬を乗り回すのはやめる

「ドンチャン騒ぎをやめる」

ばかみたいにうるさく騒ぐのをやめる

Roll with the punches
パンチをかわす

「柳に風と受け流す」

困難な状況をうまくやりすごす

See red
赤を見る（闘牛の赤い布から）

「カーッとなって怒る」

激怒する

So hungry I could eat a horse
馬一頭を食べられるほど空腹

「お腹と背中の皮がくっつきそう」

ひどくお腹がすいている

比喩表現と慣用句

Start the ball rolling
ボールを転がしはじめる

「口火を切る」

ものごとのきっかけになることを始めたり、ほかの人に同じ行動を促すために何かをしはじめたりする

Straighten up
まっすぐになる

「えりを正す」

行いを改めて、行儀よくふるまう

Uptight
固く締まった

「ピリピリした」

心配したり緊張したりしてリラックスできない

When donkeys fly
ロバが空を飛ぶなら

「太陽が西から昇ったら」

決して起こらないという意味

When it rains, it pours
降ればかならず土砂降り

「泣きっ面に蜂」

悪いことが1つ起こると、ほかにも悪いことが重なって、状況がさらに悪化すること

You kill me
あなたは私を殺す

「腹の皮をよじらせる」

相手をすごくおもしろがらせる

参考文献

Arwood, E. L., & Brown, M. M. (1999). *A guide to cartooning and flowcharting: See the ideas. Portland*, OR: Apricot.

Baker, J. E. (2003). *Social skills training for children and adolescents with Asperger Syndrome and social-communication problems*. Shawnee Mission, KS: Autism Asperger Publishing Company.

Barnes, E. (1998). *A little book of manners: Courtesy & kindness for young ladies*. Eugene, OR: Harvest House Publishers.

Barnes, B., & Barnes, E. (2000). *A little book of manners for boys*. Eugene, OR: Harvest House Publishers.

Bellini, S. (2003). Making and keeping friends: A model for social skills instruction. *Indiana Resource Center for Autism Reporter, 8*(3), 1-11.

Bieber J. (1994). *Learning disabilities and social skills with Richard LaVoie: Last one picked ... first one picked on*. Washington, DC: Public Broadcasting Service.

Bledsoe, R., Myles, B. S., & Simpson, R. L. (2003). Use of a social story intervention to improve mealtime skills of an adolescent with Asperger Syndrome. *Autism, 7,* 289-295.

Bridges, J., & Curtis, B. (2001). *As a gentleman would say: Responses to life's important (and sometimes awkward) situations*. Nashville, TN: Rutledge Hill Press.

Buron, K. D., & Curtis, M. (2004). *The incredible 5-point scale: Assisting students with autism spectrum disorders in understanding social interactions and controlling their emotional responses*. Shawnee Mission, KS: Autism Asperger Publishing Company.（『これは便利！5段階表——自閉症スペクトラムの子どもが人とのかかわり方と感情のコントロールを学べる5段階表 活用事例集』柏木諒訳、スペクトラム出版社、2006年）

Charlop-Christy, M. H., & Daneshvar, S. (2003). Using video modeling to teach perspective taking to children with autism. *Journal of Positive Behavior Interventions, 5,* 12-21.

Charlop-Christy, M. H., Le, L., & Freeman, K. A. (2000). A comparison of video modeling with in-vivo modeling for teaching children with autism. *Journal of Autism and Developmental Disorders, 30,* 537-552.

Charlop, M. H., & Milstein, J. P. (1989). Teaching autistic children conversational speech using video modeling. *Journal of Applied Behavior Analysis, 22*, 275-285.

Debbaudt, D. (2002). *Autism, advocates, and law enforcement professionals: Recognizing and reducing risk situations for people with autism spectrum disorders*. London: Jessica Kingsley.

Dowrick, P. W. (1999). A review of self-modeling and related interventions. *Applied and Preventive Psychology, 8*, 23-39.

Dunn, W., Myles, B. S., & Orr, S. (2002). Sensory processing issues associated with Asperger Syndrome: A preliminary investigation. *The American Journal of Occupational Therapy, 56*(1), 97-102.

Espeland, P. (2003). *Life lists for teens*. Minneapolis, MN: Free Spirit Publishing, Inc.

Gagnon, E. (2001). T*he Power Card strategy: Using special interests to motivate children and youth with Asperger Syndrome*. Shawnee Mission, KS: Autism Asperger Publishing Company.（2010年明石書店より邦訳刊行予定）

Garnett, K. (1984). Some of the problems children encounter in learning a school's hidden curriculum. *Journal of Reading, Writing and Learning Disabilities International, 1*(1), 5-10.

Grandin, T. (1995). *Thinking in pictures and other reports from my life with autism*. New York: Vintage Books.（『自閉症の才能開発――自閉症と天才をつなぐ環』カニングハム久子訳、学習研究社、1997年）

Gray, C. (1994). *Comic strip conversations: Colorful, illustrated interactions with students with autism and related disorders*. Jenison, MI: Jenison Public Schools.（『コミック会話――自閉症など発達障害のある子どものためのコミュニケーション支援法』門眞一郎訳、明石書店、2005年）

Gray, C. (1995). *Social stories unlimited: Teaching social skills with social stories and comic strip conversations*. Jenison, MI: Jenison Public Schools.

Gray, C. (1998). *The advanced social story workbook*. Jenison, MI: Jenison Public Schools.

Gray, C., & Garand, J. D. (1993). Social stories: Improving responses of students with autism with accurate social information. *Focus on Autistic Behavior, 8*, 1-10.

Hagiwara, T., & Myles, B. S. (1999). A multimedia social story intervention: Teaching skills to children with autism. *Focus on Autism and Other Developmental Disabilities, 14*(2), 82-95.

Harvey, A. G., Clark, D. M., Ehlers, A., & Rapee, R. M. (2000). Social anxiety and self-impression: Cognitive preparation enhances the beneficial effects of video feedback following a stressful social task. *Behavior Research and Therapy, 28*, 1183-1192.

Hemmings, A. (2000). The hidden curriculum corridor. *High School Journal, 83*(2), 1-10.

Howlin, P., Baron-Cohen S., & Hadwin, J. (1999). *Teaching children with autism to mind-read: A practical guide.* London: Wiley.

Jackson, P. (1968). *Life in classrooms.* New York: Holt, Rinehart, & Winston.

Kanpol, B. (1989). Do we dare teach some truths? An argument for teaching more 'hidden curriculum'. *College Student Journal, 23*, 214-217.

Kauchak, T. (2002). *I can do anything!: Smart cards for strong girls.* Middleton, WI: Pleasant Company Publications.

Keeling, K., Myles, B. S., Gagnon, E., & Simpson, R. L. (2003). Using the Power Card Strategy to teach sportsmanship skills to a child with autism. *Focus on Autism and Other Developmental Disabilities, 18*(2), 105-111.

Kuttler, S., Myles, B. S., & Carlson, J. K. (1998). The use of social stories to reduce precursors of tantrum behavior in a student with autism. *Focus on Autism and Other Developmental Disabilities, 13*(3), 176-182.

Madden, K. (2002). *Writing smarts: A girl's guide to writing great poetry, stories, school reports, and more!* Middleton, WI: Pleasant Company Publications.

Madison, L. (2002). *The feelings book: The care & keeping of your emotions.* Middleton, WI: Pleasant Company Publications.

Mehaffey, K. (2003). *The use of a conflict resolution curriculum in reducing rumbling and rage behavior in a student with asperger syndrome.* Master's thesis, University of Kansas.

Meyer, R. (2004). Being your own case manager. In S. Shore (Ed.), *Ask and tell: Self-advocacy and disclosure for people on the autism spectrum* (pp. 107-142). Shawnee Mission, KS: Autism Asperger Publishing Company.（「第4章 自分自身のケースマネージャーになる」スティーブン・M・ショア編著『自閉症スペクトラム生き方ガイド――自己権利擁護と「障害表明」のすすめ』荒木穂積監訳、森由美子訳、クリエイツかもがわ、2007年）

Myles, B. S., & Adreon, D. (2001). *Asperger Syndrome and adolescence: Practical solutions for school success.* Shawnee Mission, KS: Autism Asperger Publishing Company.（『アスペルガー症候群への支援――思春期編』吉野邦夫監訳、テーラー幸恵／萩原拓訳、東京書籍、2006年）

Myles, B. S., Keeling, K., & Van Horn, C. (2001). Studies using the Power Card strategy.

In E. Gagnon, *The Power Card strategy: Using special interests to motivate children and youth with Asperger Syndrome and autism* (pp. 51-57). Shawnee Mission, KS: Autism Asperger Publishing Company.

Myles, B. S., & Simpson, R. L. (2001). Effective practices for students with Asperger Syndrome. *Focus on Exceptional Children, 34*(3), 1-14.

Myles, B. S., & Simpson, R. L. (2003). *Asperger Syndrome: A guide for educators and parents* (2nd ed.). Austin, TX: Pro-Ed.

Myles, B. S., & Southwick, J. (1999). *Asperger Syndrome and difficult moments: Practical solutions for tantrums, rage, and meltdowns*. Shawnee Mission, KS: Autism Asperger Publishing Company.（『アスペルガー症候群とパニックへの対処法』冨田真紀監訳、萩原拓／嶋垣ナオミ訳、東京書籍、2002年）

Myles, H. M. (2002). *Practical solutions to everyday challenges for children with Asperger Syndrome*. Shawnee Mission, KS: Autism Asperger Publishing Company.（『こんなとき　どうしたらいい？――アスペルガー症候群・自閉症のお友だちへ　ヘイリーちゃんのアドバイス』萩原拓訳・解説、日本自閉症協会、2006年）

Packer, A. J. (1992). *Bringing up parents: The teenager's handbook*. Minneapolis, MN: Free Spirit Publishing Inc.

Packer, A. J. (1997). *How rude!: The teenager's guide to good manners, proper behavior, and not grossing people out*. Minneapolis, MN: Free Spirit Publishing Inc.

Raymer, D. (2002). *Staying home alone: A girl's guide to feeling safe and having fun*. Middleton, WI: Pleasant Company Publications.

Rogers, M. F., & Myles, B. S. (2001). Using social stories and comic strip conversations to interpret social situations for an adolescent with Asperger Syndrome. *Intervention in School and Clinic, 36*(5), 310-313.

Schaefer, V. L. (1998). *The care & keeping of you: The body book for girls*. Middleton, WI: Pleasant Company Publications.

Swaggart, B. L., Gagnon, E., Bock, S. J., Quinn, C., Myles, B. S., & Simpson, R. L. (1995). Using social stories to teach social and behavioral skills to children with autism. *Focus on Autistic Behavior, 10*, 1-16.

Tiger, C. (2003). *How to behave: A guide to modern manners for the socially challenged*. Philadelphia, PA: Quirk Books.

Trautman, M. (2003). *A conflict resolution curriculum with a student with Asperger Syndrome*. Master's thesis, University of Kansas.

Winner, M. G. (2000). *Inside out: What makes a person with social cognitive deficits tick?* San Jose, CA: Author.

監修者あとがき

　本書『発達障害がある子のための「暗黙のルール」』は、監修者である私にとって、深いつながりのある方々によって書かれました。筆頭著者であるブレンダ・マイルズ先生は、私がアメリカ、カンザス大学特殊教育学科博士課程で学んだときの指導教授であり、卒業後は上司であり、現在日本で発達障害を中心とした特別支援教育関連の仕事をしている私の人生で、最も影響を受けた人であります。マイルズ先生は、カンザス大学において、アスペルガー症候群に特化した修士課程をアメリカで初めて創設し、中心となって指導されました。この修士課程は政府からの研究補助金を受けており、アスペルガー症候群のある児童生徒の包括的アセスメント手法の開発や、認知・学習特性の研究、地域教育機関におけるコンサルテーションなどを行いました。「アスペルガー症候群アセスメント・チーム」はその実践組織であり、マイルズ先生が責任者で、ちょうどそのときに博士課程を修了した私がプロジェクト・コーディネーターとして、組織運営と学生指導を任されました。4年前に日本に帰国するまで、私は12年間、マイルズ先生のもとで学び、仕事をしておりました。

　本書の冒頭にある献辞に記された名前の多くは、この修士課程を卒業された方々です。本書の共著者であるトラウトマンさんとシェルヴァンさんの2人も卒業生であり、修士課程在籍中から、積極的にアセスメント・チームの研究活動に関わっていました。私も彼らの指導をしたことがありますが、どちらが先生だかわからなくなるくらい優秀で、指導した学生というよりはむしろ友人といった方が適切かもしれません。2人とも、現在はアメリカで、数少ない自閉症スペクトラム障害専門の学校教員として活躍していると聞いています。

　われわれのアセスメント・チームが「暗黙のルール」に注目しだしたのは、自閉症スペクトラム障害のある子どもたちのサマーキャンプを、毎年夏に行うようになってからではないかと思います。そこには、実にさまざまな子どもたちや青年たちが集まり、キャンプはいろいろな楽しい行事でいっぱいでした。しかし、今で言うソーシャルスキル・トレーニング（SST）などのように参加者を「教育」するというよりも、家庭や学校生活ではうまくできない、参加できないことを思い切りさせる、少なくともキャンプでは、ありのままの自分でふるまうことができると感じさせることを重視していました。アスペルガー症候群の教育などがようやく注目されはじめた頃であり、確固たる支援法などまったくあり

ませんでした。

　班分けされた子どもたちを監督するボランティアの中心となるのは、先ほど申しましたカンザス大学修士課程の学生たちであり、まさに昼も夜もなく（夜寝られない参加者も多かったので）、1週間近くを子どもたちと過ごしました。そこで私を含めたボランティアたちは、参加した子どもたちの言動には、「実はわかっていないから、そうふるまってしまう」ものが少なくないことに気づきました。夜ごと、一日の反省や子どもたちの様子を意見交換する度に、ボランティアの意思が伝わりにくい、集団行動では当たり前のルールを理解していない、または、ルールを知っていても適切なタイミングでふるまうことができないなどの事例が、数多くボランティアから報告されました。そのような体験を踏まえ、それからわれわれアセスメント・チームでは、子どもを観察し行動を分析する際、「暗黙のルールがわかっているか」というチェックを行うようになりました。本書は、まだ発達障害が今ほどにはわかっていない時期の、そのような体験や試行錯誤から生まれたと言ってもよいでしょう。

　読者のみなさんは、本書にあるような、アスペルガー症候群のある人々にとって暗黙のルールはどのようなものなのかという解説や、暗黙のルールに関連したソーシャルスキルを学ぶための手段や対処法などについて、どう思われたでしょうか？　「なるほど」とうなずくところもあれば、「これは自分や自分の家族、または支援する子どもにとってはどうなのだろうか」と考えてしまうところもあったと思います。ソーシャルスキルは本人を取り巻く環境や文化によって決定します（本書のキャロルとサチ・ハギワラの事例を思い出してください。これは、マイルズ先生が私の家で体験したことをもとにしています）。ですから、本書を読んでさまざまな捉え方がなされることはごく自然なことなのです。

　また、本書はもともと英語で書かれているため、翻訳に際して日本語表現が難しい箇所もありました。そういったところは、なるべく原文の意味を損なわない日本語にしてあります。さらに、本書に盛り込まれている多くの事例や暗黙のルールは、アメリカの文化が基盤となっています。ですから、本書の内容をそのままそっくり日本の読者の生活環境に当てはめることが難しいこともあるでしょう。しかし、発達障害の特性のある人々が苦労している暗黙のルールに対する理解の仕方や、生活場面でのルールの使い方などは、文化に左右されるものではありませんし、その点では、本書は大いにみなさんの役に立つと思います。むしろ、それが本書の主旨と言ってもよいでしょう。

　本書には、ソーシャルナラティブをはじめ、さまざまな支援手段や適応方法などが紹介されています。これらをそのままそっくりまねて利用されるのはもちろんかまいませ

監修者あとがき

ん。しかし、本人の理解の仕方や習い方の好み、また家庭や教育環境などには個人差があります。マイルズ先生は、「本人に合った支援が最適手段であって、支援者は、既存の支援手段を本人のためにうまくアレンジしていくことが重要である」ということを常日頃おっしゃっていました。私はマイルズ先生とさまざまな支援法の科学的検証をしてきましたが、実験的効果と臨床的効果、そして本人のQOL（生活の質）を総合して考えると、まさにこのことば通りであると結論づけられます。実際私も、本書に紹介されている方法をまったくそのまま支援に当てはめることはまずありません。

　本書のような実践的アプローチを紹介しているテキストは、レストランのメニューのようなものだと考えてもらえればよいと思います。読者はお客さんであり、どの料理が一番おいしいか、食べやすいか、または栄養があるかなど、お客さん個人のさまざまな条件に合わせて支援手段を選んでもらえればよいのです。また、このメニューはレシピ集でもあります。もっとスパイスをきかせたい、量を増やしたい、または原材料を変更したいなど、利用者の都合に合わせてアレンジしてもらえるものです。その際、アレンジする人は本人の保護者であるかもしれませんし、教師などの支援者かもしれません。いろいろと試行錯誤してみてください。本書の著者たちもいろいろと試してみて、さまざまな方法のエッセンスだけをここに紹介しているのです。

　発達障害の特性のある人々にとっては、定型発達の人と「同様に」暗黙のルールを理解し、場面に応じて適切に利用していくということが難しいこともあるでしょう。本書もそうですが、定型発達の人と同じようにふるまうことを目的として、ソーシャルスキル支援があるのではありません。本人が生活するうえで必要なルールを理解し、実践することができればよいのではないでしょうか。本人の現在と将来を考えて、その環境において本人に最低限必要な暗黙のルールをまず吟味し、それを学習することから支援を始めるとよいと思います。定型発達の人とまったく同じ暗黙のルールのリストをすべて消化することはありませんし、それは本人にとって苦痛なだけで終わってしまうことがあります。

　「自分らしく生きるため」に、暗黙のルールを必要なだけ理解し使えるようになる。私は暗黙のルールに関する支援について、このようにおおまかな目標を立てています。これからの生活に何か役立つヒントを、本書を読んだ方々がそれぞれの受けとめ方で、1つでも多く見つけていただければ幸いです。

　2010年5月

萩原 拓

●著者●

ブレンダ・スミス・マイルズ、博士（特別支援教育）
BRENDA SMITH MYLES, Ph.D.

カンザス大学の准教授であり、アスペルガー症候群と自閉症について国際的に執筆・講演活動を行っている。著者および共著者として多くの出版物を発表し、邦訳された共著書としては、*Asperger Syndrome and Adolescence: Practical Solutions for School Success*（『アスペルガー症候群への支援——思春期編』吉野邦夫監訳、テーラー幸恵／萩原 拓訳、東京書籍、2006年）や *Asperger Syndrome and Sensory Issues: Practical Solutions for Making Sense of the World*（『アスペルガー症候群と感覚敏感性への対処法』萩原 拓訳、東京書籍、2004年）、*Asperger Syndrome and Difficult Moments: Practical Solutions for Tantrums, Rage, and Meltdowns*（『アスペルガー症候群とパニックへの対処法』冨田真紀監訳、萩原 拓／嶋垣ナオミ訳、東京書籍、2002年）、*Making Visual Supports Work in the Home and Community: Strategies for Individuals with Autism and Asperger Syndrome*（『家庭と地域でできる自閉症とアスペルガー症候群の子どもへの視覚的支援』門 眞一郎訳、明石書店、2006年）、*Children and Youth with Asperger Syndrome: Strategies for Success in Inclusive Settings*（『アスペルガー症候群のある子どもを伸ばす通常学級運営マニュアル——多面的サポートで成果を上げる』萩原 拓監修、二木早苗訳、明石書店、2008年）などがある。

メリッサ・L・トラウトマン、教育学修士
MELISSA L. TRAUTMAN, M.S. Ed.

カンザス州オーヴァーランド・パークのブルー・ヴァレー学区で自閉症のある子どもたちを教えている。ネブラスカ州リンカーンで小学生のための特別支援教育の教師を務めた経験を持つ。

ロンダ・L・シェルヴァン、教育学修士
RONDA L. SCHELVAN, M.S. Ed.

ワシントン州のケルソー学区で教師をしており、サウスウエスト・ワシントンの自閉症コンサルティング団体（Autism Consulting Cadre）で共同議長を務めている。特別支援教育の分野で25年以上活動し、特別なニーズのある子どもやその家族と関わってきた幅広い経験を持つ。

●監修者●

萩原 拓

（はぎわら・たく）

1968年生まれ、東京都出身。1991年、立教大学文学部心理学科卒業後、渡米。1994年、メンフィス大学教育学部特殊教育学科修士課程修了。1998年、カンザス大学教育学部特殊教育学科博士課程修了、Ph.D.取得。卒業後、同大学特殊教育学科プロジェクト・コーディネーターとして、本書の著者ブレンダ・スミス・マイルズとの自閉症スペクトラム障害の教育に関する研究や、大学院での指導者養成にあたる。2006年より、北海道教育大学旭川校特別支援教育分野准教授。発達障害の包括的アセスメントの開発、支援法の研究を、地域と連携して、実践的に展開している。また、全国規模の研究活動にも携わっている。
主な著書に、『アスペルガー症候群とパニックへの対処法』（共訳、東京書籍、2002年）、『アスペルガー症候群と感覚敏感性への対処法』（訳、東京書籍、2004年）、『こんなとき　どうしたらいい？──アスペルガー症候群・自閉症のお友だちへ　ヘイリーちゃんのアドバイス』（訳・解説、日本自閉症協会、2006年）、『アスペルガー症候群への支援──思春期編』（共訳、東京書籍、2006年）。『アスペルガー症候群のある子どもを伸ばす通常学級運営マニュアル──多面的サポートで成果を上げる』（監修、明石書店、2008年）などがある。

●訳者●

西川美樹

（にしかわ・みき）

東京女子大学文理学部英米文学科卒業。外資系製薬会社勤務を経て翻訳者となる。主な訳書に『あしたから子どもが変わる30の子育てマジック』（実業之日本社、2004年）、『フィンランドの歴史』（共訳、明石書店、2008年）などがある。

発達障害がある子のための「暗黙のルール」
〈場面別〉マナーと決まりがわかる本

2010年6月10日　初版第1刷発行
2011年2月10日　初版第3刷発行

著　者	ブレンダ・スミス・マイルズ
	メリッサ・L・トラウトマン
	ロンダ・L・シェルヴァン
監修者	萩原　拓
訳　者	西川美樹
発行者	石井昭男
発行所	株式会社明石書店
	〒101-0021　東京都千代田区外神田6-9-5
	電話　03-5818-1171
	FAX　03-5818-1174
	振替　00100-7-24505
	http://www.akashi.co.jp
装　丁	松田行正＋青山 鮎
編集／組版	天野里美
印　刷	モリモト印刷株式会社
製　本	協栄製本株式会社

ISBN978-4-7503-3209-3　　　　（定価はカバーに表示してあります）
Japanese translation © 2010 Taku Hagiwara, Miki Nishikawa
Printed in Japan

発達障害事典
パスカル・J・アカルド、バーバラ・Y・ホイットマン編
上林靖子、加我牧子監修
梅永雄二編著
●9800円

仕事がしたい！発達障害がある人の就労相談
梅永雄二編著
●1800円

書き込み式 アスペルガー症候群・高機能自閉症の人の就労ハンドブック
ロジャー・N・メイヤー著 梅永雄二監訳
●2200円

アスペルガー症候群・高機能自閉症の人のハローワーク
能力を伸ばし最適の仕事を見つけるための職業ガイダンス
テンプル・グランディン、ケイト・ダフィー著 梅永雄二監修 柳沢圭子訳
●1800円

アスペルガー症候群の人の仕事観
障害特性を生かした就労支援
サラ・ヘンドリックス著 梅永雄二監訳
●1800円

Q&A 大学生のアスペルガー症候群
理解と支援を進めるためのガイドブック
福田真也
●2000円

発達障害と思春期・青年期 生きにくさへの理解と支援
橋本和明編著
●2200円

軽度発達障害と思春期
理解と対応のハンドブック
古荘純一
●2000円

自閉症百科事典
ジョン・T・ネイスワース、パメラ・S・ウルフ編
萩原拓監修、小川真弓、徳永優子、吉田美樹訳
●5500円

自閉症の療育カルテ
生涯にわたる切れ目のない支援を実現する
本間博彰監修、函館圏療育カルテ推進グループ編
●1600円

自閉症スペクトラム障害のある人が才能をいかすための人間関係10のルール
テンプル・グランディン、ショーン・バロン著 門脇陽子訳
●2800円

ドナ・ウィリアムズの自閉症の豊かな世界
ドナ・ウィリアムズ著 門脇陽子、森田由美訳
●2500円

学校や家庭で教えるソーシャルスキル実践トレーニングバイブル
子どもの行動を変えるための指導プログラムガイド
M・O・モウギー、J・C・ディロン、D・プラット著 竹田契一監修 西岡有香訳
●2800円

写真で教えるソーシャル・スキル・アルバム
自閉症のある子どもに教えるコミュニケーション、交友関係、学校、職場での対応
ジェド・ベイカー著 門眞一郎、佐々木欣子訳
●2000円

写真で教えるソーシャル・スキル・アルバム〈青年期編〉
自閉症のある子どもに教えるコミュニケーション、交友関係、遊び、感情表現
ジェド・ベイカー著 門眞一郎、禮子・カースルズ訳
●2000円

困っている子を支援する6つのステップ
問題行動解決のためのLSCI(生活空間危機介入)プログラム
藤野京子
●1500円

〈価格は本体価格です〉

アスペルガー症候群のある子どもを伸ばす
通常学級運営マニュアル
多面的サポートで成果を上げる

ブレンダ・スミス・マイルズ 著
萩原 拓 監修 二木早苗 訳

A5判／並製／256頁
◎2200円

アスペルガー症候群（AS）のある子どもや青年とかかわる教育関係者や親が直面するであろう様々な課題について、事例を通してわかりやすく解説。学校現場ですぐに実践でき、ASのある人たちが学校や社会で十分に力を発揮できるような支援方法を提供する。

内容構成

序 論 アスペルガー症候群（AS）の子どもたちの特徴
第1章 通常学級への適応
第2章 環境面の調整
第3章 学習面の調整
第4章 感情・行動面の支援
第5章 ソーシャルスキル支援
第6章 アシスティブ・テクノロジーによるサポート
第7章 年ごとの成功へ導いていくこと
　　　──移行の問題

家庭と地域でできる
自閉症とアスペルガー症候群の子どもへの視覚的支援

ジェニファー・L・サブナー ◇著
ブレンダ・スミス・マイルズ
門 眞一郎 ◇訳

B5／並製／48頁
◎1200円

自閉症スペクトラムの子どもたちの学習に非常に有効な視覚的支援の方法を様々な実例を挙げて写真やイラストで紹介。家族でつくれる「絵カード」や「情報共有具」など、使えるヒントが満載。

内容構成

目から学ぶ／視覚的支援とは何ですか／なぜ視覚的支援をしなければならないのですか／どんな視覚的支援が使えるのですか／視覚的支援のやり方／うちの子どもの視覚的支援はどうすればいいのですか／視覚的支援の効果は、どうしたらわかりますか／視覚的支援はいつやめるのですか／参考文献／付録A 視覚的支援の妥当性を示す論文のリスト／付録B 絵カード作りに役立つホームページ／訳者あとがき

〈価格は本体価格です〉

イラスト版 子どもの認知行動療法

著：ドーン・ヒューブナー　絵：ボニー・マシューズ
訳：上田勢子　【全6巻】　B5判変形　◎各1500円

《6〜12歳の子ども対象　セルフヘルプ用ガイドブック》

子どもによく見られる問題をテーマとして、子どもが自分の状態をどのように受け止めればよいのか、ユーモアあふれるたとえを用いて、子どもの目線で語っています。問題への対処方法も、世界的に注目を集める認知行動療法に基づき、親しみやすいイラストと文章でわかりやすく紹介。絵本のように楽しく読み進めながら、すぐに実行に移せる実践的技法が満載のシリーズです。保護者、教師、セラピスト、必読の書。

① だいじょうぶ　自分でできる
心配の追いはらい方ワークブック

② だいじょうぶ　自分でできる
怒りの消火法ワークブック

③ だいじょうぶ　自分でできる
こだわり頭［強迫性障害］のほぐし方ワークブック

④ だいじょうぶ　自分でできる
後ろ向きな考えの飛びこえ方ワークブック

⑤ だいじょうぶ　自分でできる
眠れない夜とさよならする方法ワークブック

⑥ だいじょうぶ　自分でできる
悪いくせのカギのはずし方ワークブック

〈価格は本体価格です〉